T0197158

**essentials**

*essentials* liefern aktuelles Wissen in konzentrierter Form. Die Essenz dessen, worauf es als „State-of-the-Art" in der gegenwärtigen Fachdiskussion oder in der Praxis ankommt. *essentials* informieren schnell, unkompliziert und verständlich

- als Einführung in ein aktuelles Thema aus Ihrem Fachgebiet
- als Einstieg in ein für Sie noch unbekanntes Themenfeld
- als Einblick, um zum Thema mitreden zu können

Die Bücher in elektronischer und gedruckter Form bringen das Fachwissen von Springerautor*innen kompakt zur Darstellung. Sie sind besonders für die Nutzung als eBook auf Tablet-PCs, eBook-Readern und Smartphones geeignet. *essentials* sind Wissensbausteine aus den Wirtschafts-, Sozial- und Geisteswissenschaften, aus Technik und Naturwissenschaften sowie aus Medizin, Psychologie und Gesundheitsberufen. Von renommierten Autor*innen aller Springer-Verlagsmarken.

Weitere Bände in der Reihe https://link.springer.com/bookseries/13088

Jens Bregas · Krischan Heberle ·
Farina Nagels

# Digitale Formate in der Personalentwicklung

Überblick und Hilfestellung für die
berufliche Praxis

 Springer

Jens Bregas
Köln, Deutschland

Krischan Heberle
Köln, Deutschland

Farina Nagels
Hürth, Deutschland

ISSN 2197-6708          ISSN 2197-6716   (electronic)
essentials
ISBN 978-3-662-64647-2          ISBN 978-3-662-64648-9   (eBook)
https://doi.org/10.1007/978-3-662-64648-9

Die Deutsche Nationalbibliothek verzeichnet diese Publikation in der Deutschen Nationalbiblio-
grafie; detaillierte bibliografische Daten sind im Internet über http://dnb.d-nb.de abrufbar.

Planung/Lektorat: Marion Krämer
Springer ist ein Imprint der eingetragenen Gesellschaft Springer-Verlag GmbH, DE und ist ein Teil
von Springer Nature.
Die Anschrift der Gesellschaft ist: Heidelberger Platz 3, 14197 Berlin, Germany

*Das Buch richtet sich an Lesende jeden Geschlechts. Wo es sich anbietet, haben wir neutrale Formulierungen gewählt. Anderenfalls haben wir uns aufgrund des besseren Leseflusses auf eine Form beschränkt.*

# Was Sie in diesem *essential* finden können

- Pragmatische Lösungsansätze für zentrale Formate der Personalentwicklung
- Beispiele für Aufbau und Ablauf digitaler PE-Formate
- Bewertungen von Vor- und Nachteilen, Möglichkeiten und Grenzen der digitalen Lösungsansätze
- Hinweise zur neuen Rolle als Personalentwickler

# Inhaltsverzeichnis

# Corona als Treiber der Personalentwicklung

**1**

Die Corona-Pandemie hat alle Bereiche des Lebens und damit auch des Wirtschaftslebens vor neue Herausforderungen gestellt. Die Personalentwicklung blieb hiervon nicht ausgeschlossen. Die Einschränkungen von Kontakten, von (Groß-) Gruppenveranstaltungen und die Vermeidung von Dienstreisen ließ nur eine Lösung für viele Formate der Personalentwicklung zu: Digitalisierung.

Vieles wurde kurzerhand in digitaler Form durchgeführt, was Personalentwickler und Teilnehmende lieber in Präsenz durchgeführt hätten, doch erwiesen sich digitale Durchführungen als alternativlos. Aber schnell erkannte man in dieser Phase der erzwungenen Umstellung, dass sich auch Chancen ergaben: Beispielsweise wurden Weiterbildungsportfolios auf den Prüfstand gestellt und Selbstlernkurse auf- und ausgebaut.

Es wäre allerdings zu optimistisch zu behaupten, dass die Personalentwicklung sich damit an die Spitze der Digitalisierung gesetzt hätte. Ernüchternd stellt beispielsweise eine Studie des DGFP Ende 2020 fest, dass es sich bei dieser Digitalisierungswelle eher um eine „nachholende Digitalisierung" handle und die Personalentwicklung damit immer noch nicht bei Themen wie Künstlicher Intelligenz, Big Data und Analytics angekommen sei. Zwar sei der Wille zur Digitalisierung vorhanden (die *soft skills*), doch mangle es an wirklichen technischen Kompetenzen *(hard skills)*, um die Digitalisierung wesentlich voranzutreiben (Seufert et al., 2020). Aber vielleicht ist mit dem, was während der Corona-Pandemie an Digitalisierung in der Personalentwicklung stattfand, ja ein Grundstein gelegt worden für weitere Maßnahmen in der Zukunft. Es bleibt also zu hoffen, dass das, was in den letzten eineinhalb Jahren implementiert wurde, auch nach der Pandemie noch Bestand hat und weiter ausgebaut wird.

Mit diesem „Essential" sollen den Leserinnen und Lesern Erfahrungen mit den neuen digitalen Formaten in der Personalentwicklung nähergebracht werden. Was

J. Bregas et al., *Digitale Formate in der Personalentwicklung*, essentials, https://doi.org/10.1007/978-3-662-64648-9_1

anfangs ein Provisorium war, wurde mit der Zeit ausgebaut zu einer vollwertigen Alternative zur Präsenzveranstaltung.

Dieses „Essential" ist mit dem Ziel geschrieben, Hinweise und Anregungen für die eigene Arbeit als Personalentwickler in der Praxis zu liefern. Damit unterscheidet es sich von einer klassischen wissenschaftlichen Arbeit und möchte hiermit auch nicht konkurrieren.

# Remote Assessment Center

2

## 2.1 Assessment Center in Zeiten der Corona-Pandemie

In Unternehmen aller Größen haben sich Assessment Center als Standard in der Personalauswahl durchgesetzt (Obermann et al., 2016). Schon seit fast 20 Jahren bieten sich darüber hinaus Möglichkeiten an, Assessment Center in Teilen oder als Ganzes remote durchzuführen. Praktische Anwendung hat dies vor allem in international aufgestellten Unternehmen gefunden, in denen Auswahlverfahren länderübergreifend durchgeführt werden. Aber selbst hier wird zum großen Teil noch auf Assessment Center in Präsenz gesetzt, indem die Kandidaten entweder ins Headquarter eingeladen werden oder Entscheidungsträger und Personalvertreter für das Auswahlverfahren in die ausländische Niederlassung reisen. Dies zeigt, wie hoch der Stellenwert der persönlichen Eindrucksbildung bei Auswahlentscheidungen ist. Neben der technischen Frage, ob sich Assessment Center remote durchführen lassen und der methodischen Frage, wie die Übungen zu gestalten sind, stand bei der Umstellung auf Remote-Verfahren zu Anfang der Corona-Pandemie daher vor allem die Frage im Vordergrund, welche Informationen bei Remote Assessment Centern verloren gehen bzw. ob die gewonnenen Eindrücke für eine Entscheidungsfindung hinreichend sind.

Im Weiteren werden die Remote Assessment Center als Alternative für die bisherigen Vorgehensweisen vorgestellt. Andere denkbare Vorgehensweisen, beispielsweise den Qualitätsanspruch in der Personalauswahl zu senken, indem man sich auf Telefoninterviews oder „Einstellung nach Papierlage" (sprich: auf der Basis der Bewerbungsunterlagen) beschränkt, werden hier bewusst außenvor gelassen, da sie nicht dem Qualitätsanspruch seriöser Personalentwicklung entsprechen.

J. Bregas et al., *Digitale Formate in der Personalentwicklung*, essentials, https://doi.org/10.1007/978-3-662-64648-9_2

## 2.2  Remote Assessment Center als eignungsdiagnostische Verfahren

**Remote Assessment Center** stellen keinen eigenständigen Verfahrenstypus dar, sondern nur eine bestimmte Art Assessment Center durchzuführen. Definiert sind Remote Assessment Center daher wie Assessment Center, nur mit einem entsprechenden Zusatz, der sich auf die Online-Durchführung bezieht. So definieren Kreis, Brandt und Janßen (2021) das Remote Assessment Center als

> „(…) ein online durchgeführtes diagnostisches Beurteilungsverfahren zur Beobachtung der Leistung und des Verhaltens von Teilnehmenden in Simulationen, Rollenspielen, Interviews oder Tests, in dem sich mindestens zwei der teilnehmenden Personen (z. B. Beobachtende) während der Durchführung an unterschiedlichen Orten befinden."

Obwohl es die technische Möglichkeit zur Durchführung von Remote Assessment Centern schon seit vielen Jahren gibt, sind sie in vielen Unternehmen noch relativ jung. Erst die Notwendigkeit, die mit der Corona-Pandemie einherging, befeuerte diese Art der AC-Durchführung und verhalf ihr zum Durchbruch.

Schaut man bei der Umstellung von Präsenz auf Remote vorerst nur auf die Technik, bleibt bei jeder Durchführung immer ein „Restrisiko" bezogen auf die **Stabilität der technischen Verbindung.** Dieses Risiko vervielfacht sich, je mehr Personen am Assessment Center beteiligt sind. Dies betrifft somit insbesondere Gruppenverfahren. Hinzu kommt, dass bei Gruppenverfahren wenig Spielraum für Verzögerungen besteht, wohingegen in Einzel-Assessments der Zeitplan bei einer möglichen technisch bedingten, zeitlichen Verzögerung kurzfristig angepasst werden kann.

Um bei Gruppen-Assessments das technische Risiko zu minimieren und das ungewohnte Handling größerer Teilnehmerzahlen besser in den Griff zu bekommen, wird empfohlen, die Anzahl der Teilnehmenden, die bei Präsenzverfahren zwischen drei und zehn Kandidaten (oder noch mehr) liegen kann, auf drei bis vier zu begrenzen und auf parallele Durchführungsgruppen möglichst zu verzichten.

Die technische Umstellung bringt aber auch Implikationen mit sich, die sich unmittelbar auf den Prozess und die im Assessment Center verwendeten Übungen auswirken. Diese sollen im Folgenden beleuchtet werden.

## 2.3 Übertragbarkeit der Übungen

Für die Übertragung in ein Remote Assessment Center werden in diesem Abschnitt die Besonderheiten der am häufigsten verwendeten Übungstypen beleuchtet, ohne dass dabei auf jede einzelne Variante dieser Typen eingegangen wird (bei der Fallstudie beispielsweise Postkorb-Übung oder Fact Finding).

**Rollenspiele**

Vormals in Präsenz durchgeführte Rollenspiele lassen sich in der Regel problemlos in ein Remote Setting übertragen, da diese spätestens mit der Corona-Pandemie keine künstlichen Gesprächssituationen mehr sind, sondern die neue Normalität darstellen. In dieser Zeit haben nahezu alle Unternehmen gelernt, dass Gespräche – ob zwischen Führungskraft und Mitarbeitenden oder zwischen Kollegen auf gleicher Ebene – überwiegend remote ablaufen und absolut nichts Besonderes mehr sind.

Neben dieser Augenschein-Validität muss gefragt werden, inwiefern sich die Kompetenzen, die mit dem Rollenspiel erhoben werden sollen, auch wirklich erheben lassen. Zentral für das Rollenspiel ist die soziale Interaktion zwischen Teilnehmer und Rollenspieler. Allerdings ist davon auszugehen, dass die Impulse und Reaktionen, die durch den Rollenspieler im Gespräch gegeben werden, im Remote Assessment Center nicht so klar und eindeutig wahrgenommen werden, wie in Präsenzsituationen. Eine Lösung kann hier im Remote Assessment Center (genauso wie in realen virtuellen Gesprächssituationen) sein, als Rollenspieler etwas deutlicher („expressiver") zu agieren, aber hierbei nicht zu übertreiben.

Eine weitere Möglichkeit besteht darin, in der Nachbesprechung die Wahrnehmungen des Teilnehmers von der Situation, die Interpretation des Rollenspielerverhaltens und die daraus abgeleiteten Handlungen zu beleuchten und explizit zu machen. Hierfür sollte man sich in Remote Assessment Centern mehr Zeit lassen als in Präsenz-ACs und für die Nachbesprechung fünf bis zehn Minuten mehr in den Zeitplan einplanen.

Auch bei der inhaltlichen Gestaltung des Gesprächs-Settings kann die neue Normalität genutzt werden. Statt die Beteiligten aufzufordern sich in ein Szenario hineinzudenken, in dem Teilnehmer und Rollenspieler gemeinsam in Präsenz im Büro der Führungskraft sitzen, kann das Remote-Setting als reales Setting genommen werden, bei dem sich beide virtuell zu einem Thema austauschen. Damit ist es kein künstliches, sondern ein realitätsnahes Setting.

**Gruppenübungen und Gruppendiskussionen**

Wie schon bei den Rollenspielen stellen auch Gruppendiskussionen im Remote Assessment Center keine neue, unbekannte Situation dar, sondern bilden die neue

Realität ab. Allerdings sind einige Besonderheiten zu beachten. Genau wie bei „richtigen" Gruppendiskussionen (Gruppenbesprechungen, Projekt-Meetings etc.) verlaufen remote durchgeführte Treffen anders als in Präsenz. Die Dynamik, die einen Großteil einer angeregten, produktiven Gruppenbesprechung in Präsenz ausmacht, wird durch die Remote-Durchführung gedämpft. Die Teilnehmer sind gezwungen sich strenger an Kommunikationsregeln zu halten, wie zum Beispiel sich nicht zu unterbrechen, Kommentare per „Handzeichen" anzukündigen und Redundanzen sowie Ergänzungen zu vermeiden. Auch verbale und non-verbale Zustimmungen zu Statements anderer Teilnehmer sind stark reduziert oder fallen weg. Stärker als in Präsenzbesprechungen ist eine Moderation erforderlich, um den Prozess zu steuern und zu ordnen.

Damit trotz dieser Einschränkungen alle Kandidaten hinreichend zu Wort kommen und sich einbringen können, sollte die Anzahl der Teilnehmenden in einer Gruppendiskussion begrenzt werden. Empfohlen werden hier drei oder vier Teilnehmende; fünf Teilnehmende stellen schon die Obergrenze dar.

Inhaltlich ist dafür Sorge zu tragen, dass auch bei der Remote-Durchführung alle Teilnehmenden ein Minimum an Gesprächsbeiträgen liefern können, damit die Beobachter auch wirklich etwas zu beobachten haben. Dies ist eher bei einer Gruppendiskussion mit verteilten Rollen gewährleistet als bei einer offenen Diskussionsrunde. „Verteilte Rollen" kann im Kontext von Gruppendiskussionen auch heißen, dass die einzelnen Teilnehmer unterschiedliche, aber vergleichbare Ausgangssituationen (Ressourcen, Standorte etc.) haben und ein gemeinsames Ergebnis ausverhandeln müssen (vgl. Paschen et al., 2013, S. 133).

Auch bei Gruppendiskussionen ist zur Sicherheit mehr Durchführungszeit – bis zu 50 % mehr im Vergleich zu einer Präsenzdurchführung – einzuplanen.

Auch Beobachterseitig sind die Möglichkeiten der Beobachtung mehrerer Teilnehmer eingeschränkter als in Präsenz-ACs. Es fehlt das Gesamtbild: der Gesamteindruck, der auch die Beziehungen der Gesprächsteilnehmer untereinander charakterisiert und die Wahrnehmung der Gruppe als Ganzes erleichtert. Dies wiederum erschwert auch die Beobachtung und Bewertung einzelner Personen. Die Beobachter sind gezwungen, sich stärker als in Präsenz auf die ihnen zugewiesenen Teilnehmer zu konzentrieren. Ungünstig sind hierbei Übertragungsmedien, die nicht alle Teilnehmer anzeigen, sondern sich auf die aktuell aktiven (= sprechenden) Teilnehmer begrenzen und stille Teilnehmer benachteiligen. Hier bieten Videokonferenztools an, Teilnehmer „anzuheften", d. h. dauerhaft im Bild wiederzugeben. Hierdurch lassen sich die zu beobachtenden Teilnehmer fokussieren, allerdings wiederum auf Kosten der Gesamtgruppe.

**Fallstudien**

Fallstudien stellen die größte Herausforderung dar, wenn es darum geht, kurzfristig und mit möglichst wenig Aufwand bestehende AC-Verfahren zu digitalisieren. Die größten Hindernisse bei Fallstudien im Remote-Kontext sind der Umgang mit den Unterlagen und die damit verbundene Vermeidung der anschließenden Verbreitung sowie die adäquate Abnahme der aufgearbeiteten Ergebnisse durch die Beobachter.

Bei klassischen, umfangreichen Fallstudien mit 20, 30 oder noch mehr Seiten Material ist eine Darbietung am Computer keine adäquate Alternative. Die Teilnehmenden haben nicht die Möglichkeit, sich die Unterlagen nach eigenem Ermessen zu sortieren, sie großzügig auf dem Tisch zu drapieren, mit Textmarkern zu bearbeiten, handschriftliche Notizen auf den Zetteln zu ergänzen etc. Bei Remote Assessment Centern muss also eine Entscheidung getroffen werden, ob und wie man die Teilnehmenden die Unterlagen *trotzdem* in Papierform bearbeiten lässt oder wie man die Materialien inhaltlich so bearbeitet, dass sie für die Teilnehmenden handhabbar sind.

Bei der Bereitstellung der Fallstudie in Papierform bietet sich vor allem die Teil-Remote-Alternative an, bei der ein Assessor vor Ort ist, die Unterlagen austeilt und hinterher wieder einsammelt. Hier gelten die gleichen Bedingungen wie bei Assessment Centern in Präsenz: Besitzt ein Teilnehmer die kriminelle Energie die Unterlagen zu kopieren bzw. abzufotografieren, wird ihm oder ihr dies auch weiterhin gelingen.

Je nach Zielstellung des Verfahrens kann es auch eine Alternative sein, den Teilnehmenden die Unterlagen postalisch zur Verfügung zu stellen oder im AC per Mail (zum Selbstausdrucken) zukommen zu lassen. Hier ist abzuwägen, welchen Schaden es anrichten würde, wenn die Fallstudie in den Umlauf käme, wie wahrscheinlich dieser Fall ist und welche Maßnahmen zur Eindämmung möglich sind. Bei externen Kandidaten könnte ein möglicher Schluss sein, dass ein (abgelehnter) Kandidat mit der Fallstudie im Nachgang in der Regel nichts anfangen kann, da er oder sie kaum die Gelegenheit haben wird, die Fallstudie an jemanden weiterzureichen, der hiervon profitieren könnte. Bei internen Kandidaten ist eine Vertraulichkeitsvereinbarung hilfreich, die die Teilnehmenden im Vorfeld unterschreiben und in der arbeitsrechtliche Konsequenzen angedroht werden.

Alternativ zu den „Materialschlachten" altbekannter Fallstudien wird auch zunehmend mit verkürzten Fallstudien (auch Management Cases, Management Situationen oder Kurzfälle genannt) gearbeitet. Diese sind weniger umfangreich, bedürfen deutlich weniger Vorbereitungszeit und erlauben es, die gewünschten Kompetenzen über mehrere, hintereinander zu bearbeitende Fälle abzusichern. Diese Kurzfälle lassen sich online leichter bearbeiten als lange Fallstudien. Eine Einschränkung besteht darin, dass sich nicht alle Aspekte einer langen Fallstudie hier abbilden lassen. Eine besondere Herausforderung besteht in der Darbietung von Komplexität. Hier ist die meiste konzeptionelle Anpassungsarbeit im Vorfeld zu investieren (wobei auch nicht jede lange Fallstudie im psychologischen Sinne komplex, sondern häufig nur umfangreich ist). Ein weiterer Aspekt von Kurzfällen ist der Wegfall von Distraktoren, mit denen sich ein Teilnehmer in einer langen Fallstudie auseinandersetzen muss: Was ist wichtig? Was stelle ich hinten an? Was lasse ich weg? Hierbei geht es vor allem um den methodischen Umgang mit neuen, komplexen Situationen sowie um Priorisierung.

Eine grundsätzlich andere Alternative ist es zu überlegen, ob es überhaupt einer Fallstudie bedarf oder ob die Kompetenzen, die man mit der Fallstudie beobachten möchte, sich nicht anderweitig erheben lassen. Ein Beispiel hierfür kann die Erarbeitung einer Präsentationsaufgabe mit analytisch-strategischem Fokus sein, z. B. zum eigenen Unternehmen oder einer aktuellen, marktrelevanten Fragestellung.

Bei der Darbietung der Fallstudienergebnisse gibt es die Möglichkeit, wie in Präsenzveranstaltungen Flipcharts und/oder Metaplanwand zur Verfügung zu stellen oder alternativ die Ergebnisse per Präsentationssoftware aufbereiten zu lassen. Analoge Darbietungsformen (Flipchart, Metaplan) sind von der Qualität der Übertragungsmedien (Kamera, Mikrofon) abhängig. Wider Erwarten wurden in der Pandemie hiermit recht positive Ergebnisse erzielt. Es empfiehlt sich, die Technik in jedem Fall vorher ausgiebig zu testen, z. B. wie weit das Flipchart von der Kamera entfernt stehen muss bzw. darf, wie groß die Schrift sein muss und wie gut die Qualität der Tonübertragung ist.

Alternativ drängt sich die digitale Aufbereitung mittels Präsentationssoftware auf. Allerdings ist hier zu berücksichtigen, wie gut die rein ‚handwerklichen' Kompetenzen der Kandidaten im Umgang mit diesem technischen Hilfsmittel sind. Ist davon auszugehen, dass die Kandidaten über entsprechende Kompetenzen im Umgang mit Präsentationsprogrammen verfügen, spricht nichts gegen deren Verwendung. Ist unklar, ob die Kandidaten entsprechend geübt sind oder es feststeht, dass hier wenig oder gar keine Kompetenzen vorliegen, sollte eher auf analoge Alternativen zurückgegriffen werden. Denn gelingt es einem Kandidaten nicht überzeugend, die Fallstudienergebnisse als Folienpräsentation darzustellen, ist es für die Assessoren schwer ersichtlich, ob diese Ergebnisse durch begrenzte analytische und methodische Kompetenzen begründet sind oder durch den unzureichenden Umgang mit dem Präsentationsmedium. Zusammenfassend lässt sich die Übertragung von (Präsenz-)Fallstudien in ein Remote-Setting als äußerst anspruchsvoll und aufwendig beschreiben (Stulle, 2021, S. 10 ff.).

**Präsentationen**

Grundsätzlich lassen sich Präsentationen, wie sie in Präsenz gehalten werden, auch remote durchführen. Und auch bei remote durchgeführten Präsentationen gilt, dass diese keine schlechte, künstliche Alternative für Präsenz-Präsentationen sind, sondern Teil der neuen Realität: Wer heute Fach- oder Führungskraft werden möchte, muss sich darauf einstellen, Themen auch in der Post-Corona-Zeit remote zu kommunizieren.

Inhaltlich können Präsentationen im AC eher breit formuliert sein („*Stellen Sie Ihr Aufgabenverständnis der zukünftigen Funktion dar und wie Sie diese ausüben möchten*") oder eher eng und spezifisch („*Skizzieren Sie, wie Sie die Herausforderung XY angehen möchten*"). Wie bei der Fallstudie bietet sich auch bei Präsentationsübungen an, die Darstellung entweder analog mittels Flipchart oder digital mittels Präsentationssoftware durchzuführen. Soll die Präsentationsübung nicht nur eine Abfrage von Fachwissen und fachlichen Inhalten sein, sondern auch die Kommunikations- und Präsentationskompetenzen eine Rolle spielen, wäre eine digitale Präsentation in diesem Fall sogar eher angezeigt, da diese zeitgemäß die neue Realität abbildet.

Werden die Präsentationen im Assessment Center selbst vorbereitet, ist grundsätzlich keine Anpassung der Vorbereitungs- oder Durchführungszeit erforderlich. Lediglich bei einer möglichen Nachbefragungszeit sollten erneut ein paar Minuten mehr berechnet werden, um zu klären, ob der Teilnehmer seine Inhalte adäquat vermitteln konnte oder ob das eventuell ungewohnte Medium zu einer Einschränkung geführt hat.

Präsentationstrainings während der Corona-Pandemie haben gezeigt, dass sich erwartungsgemäß die Schwerpunkte, auf die Zuhörer und auch die Präsentatoren selbst achten, verschieben. Während Mimik und Gestik weniger wahrnehmbar werden, spielen Stimme und visuelle Aufbereitung eine größere Rolle. Remote- und Präsenz-Präsentationen sind somit nicht identisch, sondern bilden unterschiedliche Aspekte des Präsentierens vor Gruppen ab. Entsprechend verschieben sich auch die Beobachtungsschwerpunkte: Bei den Kommunikationskompetenzen, die üblicherweise eine zentrale Beobachtungsdimension darstellen, werden andere Aspekte in den Mittelpunkt gerückt und der Umgang mit digitalen Medien („Digitalkompetenzen") kommt als eigenständige, methodische Kompetenz hinzu.

Inhaltlich macht es die digitale Darbietungsform erforderlich, dass komplexe fachliche Inhalte stärker strukturiert werden müssen, damit die Zuhörer folgen können. Gleichzeitig bieten digitale Präsentationsmedien aber auch die Möglichkeit an, durch Zwischenüberschriften u. ä. den Zuhörern Orientierung zu geben, wo sich der Teilnehmer gerade in der Präsentation befindet.

**Testverfahren und Fragebögen**

Werden im Assessment Center psychologische Testverfahren oder Fragebögen eingesetzt, ist die Umstellung auf Remote-Durchführung unproblematisch. Fragebögen, die ursprünglich handschriftlich ausgefüllt wurden, müssen für Remote Assessment Center einmalig in ein am Computer ausfüllbares Format, z. B. als PDF-Formular, überführt werden. Bei den gängigen psychologischen Testverfahren (vgl. Hossiep & Mühlhaus, 2015) wie dem BIP („Bochumer Inventar zur berufsbezogenen Persönlichkeitsbeschreibung"), dem LMI („Leistungsmotivationsinventar"), dem FÜMO („Hamburger Führungsmotivationsinventar") oder dem GPOP („Golden Profiler of Personality") bietet es sich an, auf die von den Testverlagen angebotenen Online-Varianten umzustellen. Diese ermöglichen es auch, die Testverfahren im Vorfeld des Remote Assessment Centers durchführen zu lassen und somit Zeit einzusparen.

Die Ergebnisse psychologischer Testverfahren können im Remote Assessment Center entweder via Bildschirmteilung allen Beteiligten zur Verfügung gestellt werden oder im laufenden Verfahren den Teilnehmenden per Mail zugeschickt werden (z. B. damit sich diese in einer Pause zwischen zwei AC-Übungen mit den Ergebnissen auseinandersetzen können).

Werden Testverfahren im Remote Assessment Center selbst mittels Online-Variante durchgeführt, muss im Vorfeld geklärt werden, ob das Testverfahren technische Restriktionen mit sich bringt, die den Zugang zum Verfahren einschränken.

**Interview**

Interviews lassen sich von allen Übungen am einfachsten remote durchführen. Im Rahmen des Recruiting wurde daher auch in den Unternehmen, die dies bis dahin noch nicht gemacht hatten, zügig auf Remote-Durchführungen umgestellt. Bewerber, die zum persönlichen Interview in das Unternehmen gekommen wären, können sich seitdem bequem von zuhause aus den Fragen der Personaler und Fachbereichsvertreter stellen.

Wurden in der Vergangenheit Telefoninterviews durchgeführt, stellt die Interviewführung mittels bildgebender Kommunikations-Tools einen Informations- und Qualitätsgewinn dar, da man nun in der Lage ist, dass sich Bewerber und Unternehmensvertreter sehen und einen persönlichen Eindruck gewinnen können.

Sind Interviewer und Interviewte an den Umgang mit dem Medium gewöhnt, macht die Remote-Durchführung keinen wesentlichen Unterschied zur Präsenzdurchführung. Wie im Präsenzinterview liegt es auch bei einem remote durchgeführten Interview an den Kommunikationskompetenzen der beteiligten Personen, ob das Interview eher ein einförmiges Frage-Antwort-Spiel wird oder ob beide in einen Dialog einsteigen und sich der Interviewte optimal in Szene setzen kann.

Wird das Interview zu Anfang des Remote Assessment Centers durchgeführt, sollte zur gegenseitigen Gewöhnung ein kleiner Zeitpuffer dazugerechnet werden, um mit dem Medium warm zu werden. Findet das Interview in der Mitte oder zum Ende des Remote Assessment Centers statt, ist dies nicht mehr erforderlich und es kann die gleiche Zeit für das Interview eingerechnet werden wie in Präsenzverfahren.

**Zusammenfassende Bewertung der Übungstypen**
In Tab. 2.1 wird bewertet, wie gut sich AC-Übungen aus dem Präsenzmodus in ein Remote-Format überführen lassen; hierbei wird zwischen der inhaltlichen Übertragbarkeit (Wird noch das gleiche erhoben wie in Präsenz?) und technisch-methodischer Übertragbarkeit (Wie hoch sind die technisch bedingten Restriktionen bei der Übertragung?) unterschieden.

## 2.4  Bereitstellung der Übungsunterlagen

Im Folgenden geht es um die übergreifende Frage, wie den Teilnehmenden im AC-Verfahren die Unterlagen zur Verfügung gestellt werden können, da dies eine der zentralen Fragen bei Remote Assessment Centern ist. Es bieten sich verschiedene Wege an, die Übungsunterlagen zur Verfügung zu stellen. Diese hängen von dem Ziel des Assessment Centers, der Zielgruppe (interne/externe Kandidaten) und auch der Unternehmenskultur ab.

**Online (zeitbegrenzt).** Bestimmte Data Sharing-Plattformen bieten die Möglichkeit, Dokumente den Teilnehmenden zeitlich begrenzt zur Verfügung zu stellen. Dies stellt sowohl bei Einzel- als auch Gruppen-ACs Vorteile bei der Standardisierung und damit der Objektivität der Übungsdarbietung dar. Zudem sind die Dokumente kopiergeschützt. Diese Form der Darbietung der Übungen bietet sich allerdings nur dort an, wo sich alle Übungen ausschließlich digital bearbeiten lassen; materialintensive Fallstudien sind hierfür ungeeignet. Zudem vermittelt die kopiergeschützte Darbietung der Unterlagen eine Scheinsicherheit: Screenshots und simples Abfotografieren lassen sich auch auf diesem Weg nicht vermeiden. Im Gegenteil kann diese Form eher den Eindruck vermitteln, dass Inhalte, die so geschützt werden, etwas Wertvolles sein müssen. Mit den Teilnehmenden sollte im Vorfeld der Umgang mit dieser Form des Data Sharing daher besprochen und geübt werden.

**Tab. 2.1** Zusammenfassende Bewertung der inhaltlichen und technisch-methodischen Übertragbarkeit der Übungstypen von Präsenz- auf Remote-ACs

| Übungstyp | Inhaltliche Übertragbarkeit | Technisch/ methodische Übertragba rkeit | Kommentar |
|---|---|---|---|
| Rollenspiele | ☺ | ☺ | Gute Übertragbarkeit, da das Medium die ‚neue Realität' widerspiegelt und die Inhalte der Präsenz-Rollenspiele uneingeschränkt übernommen werden können |
| Gruppenübungen/ Gruppendiskussionen | 😐 | 😐 | Es lassen sich zwar alle Themen auch remote diskutieren, allerdings mit eingeschränkterer Dynamik; technische Einschränkungen durch Einzelbeobachtung versus Gesamteindruck der Gruppe erschweren die Beobachterperspektive |
| Fallstudien | ☹ | 😐 | Große Hürde der inhaltlichen Übertragbarkeit: materialintensive Fallstudien nicht remote abbildbar; technische Einschränkung auch bei der Darbietung der Fallstudienergebnisse |
| Präsentationen | 😐 | 😐 | Themen lassen sich Remote wie in Präsenz darbieten; technisch ist die Remote-Darbietung auch unproblematisch (= ‚neue Realität'), allerdings Fokussierung durch Remote-Darbietung auf andere Aspekte⇒ nicht mit Präsenz identisch |
| Testverfahren, Fragebögen | ☺ | ☺ | Fragebögen und Testverfahren mit wenig Aufwand digitalisierbar; hierbei keine inhaltliche Veränderung |
| Interview | ☺ | ☺ | Weder nennenswerte inhaltliche noch technische Einschränkungen bei der Übertragung auf Remote-Durchführung |

**Online (Zusendung während des Verfahren).** Vereinfacht gesagt handelt es sich hierbei um die manuelle Variante der oben beschrieben Unterlagenübermittlung mittels Data Sharing-Plattform. Diese Variante bietet sich an, wenn es eine untergeordnete Rolle spielt, dass die Teilnehmenden die Übungen auch nach dem AC noch (in ihrem Posteingang) zur Verfügung haben. Klärt man im Vorfeld ab,

ob die Teilnehmenden die Möglichkeit haben sich vor Ort Unterlagen auszudru-
cken, ist sogar die Bearbeitung einer klassischen Fallstudie machbar. Mit dieser
Form der Übungsdarbietung nimmt man allerdings auch ein weiteres technisches
Risiko in Kauf, nämlich dass es zu Verzögerungen in der Mail-Übertragung kommen kann. Insbesondere bei größeren Dateien oder ungewöhnlichen Formaten
(Bildern, Videos etc.) können die internen Sicherheitssysteme Alarm schlagen
und die Zustellung unterbinden oder zumindest verzögern.

**Papier (Versand im Vorfeld per Briefumschlägen an die Teilnehmenden).**
Remote Assessment Center müssen nicht zwangsläufig bedeuten, dass alles digital vorliegen muss. Wie die vorher beschriebene Variante bietet sich auch diese
Variante an, wenn es keine Rolle spielt, dass die Teilnehmenden die Unterlagen
auch hinterher noch zur Verfügung haben. Wie bei einer Schnitzeljagd werden
die Übungen einzeln in durchnummerierte Briefumschläge gesteckt und diese
in einem großen Master-Briefumschlag rechtzeitig vor dem AC an die Teilnehmenden verschickt (mit der Aufforderung, den Master-Briefumschlag erst im AC
unter Aufsicht/vor laufender Kamera zu öffnen). Da sie hierdurch alle Unterlagen wie in einem Präsenz-AC vorliegen haben, holen sich die Teilnehmenden
das Assessment Center ins Wohnzimmer. Problematisch wird es allerdings bei
der Ergebnisdarstellung bestimmter Übungstypen, wenn beispielsweise bei einer
vor Ort vorbereiteten Präsentation oder bei der Präsentation der Fallstudienergebnisse keine digitalen, sondern analoge Medien eingesetzt werden sollen, da
kaum ein Teilnehmer ein Flipchart zuhause stehen hat. Notlösungen können über
Flipchart-Papier an der Wohnzimmertür o. ä. gefunden werden, nur müssen diese
im Vorfeld mit dem Teilnehmer geklärt werden und stellen keine befriedigende
Lösung dar.

**Papier (Versand im Vorfeld an vertrauensvolle Dritte).** Eine weitere Variante ist die Durchführung des Remote Assessment Centers beispielsweise in
Räumlichkeiten einer Niederlassung, in der die Verteilung und Einsammlung der
Unterlagen durch vertrauensvolle Dritte vor Ort geschehen kann. Um es den dor-
tigen Mitarbeitenden nicht zu aufwendig zu machen, kann man es auch bei dieser
Variante dabei belassen, statt die Übungen einzeln austeilen zu lassen, wieder auf
die Papiervariante mit dem Master-Briefumschlag zurückzugreifen. Die Aufgabe
des vertrauensvollen Dritten wäre es, zu Anfang den Master-Umschlag auszuhän-
digen und am Ende auf eine vollständige Abgabe sämtlicher Unterlagen (inkl.
Notizzettel etc.) zu achten.

**Exkurs Datensicherheit: Vertraulichkeitserklärung & Co.** Für alle hier vorgestellten Varianten gilt: keine Variante ist sicher vor Betrug und Diebstahl, wenn
die kriminelle Energie hierfür vorhanden ist bzw. wenn der Preis für ein erfolgreiches Abschneiden im AC das Risiko erwischt zu werden übersteigt. Werden

zum Beispiel die Unterlagen im Vorfeld in einem verschlossenen Umschlag an den Teilnehmer geschickt, kann dieser Mittel und Wege finden, den Briefumschlag schon vor dem AC zu öffnen und wieder zu verschließen. Und für alle Varianten – auch für die meisten Präsenz-ACs – besteht die Möglichkeit, sich die Unterlagen abzufotografieren. Was lässt sich dagegen tun? (Fast) nichts. Es lässt sich aber über eine formelle, juristisch formulierte Vertraulichkeitserklärung eine Hürde (um nicht zu sagen: Drohkulisse) aufbauen, die es internen wie externen Kandidaten erschwert, der Versuchung nachzugeben, Unterlagen zu kopieren. In dieser Vertraulichkeitserklärung, die bei internen Kandidaten auch in der Personalakte abgelegt wird, werden personalrechtliche Konsequenzen angekündigt, sollte der Teilnehmer die Unterlagen nicht vollständig wieder abgeben bzw. selbst vernichten oder mit Dritten über sensible Inhalte des AC sprechen etc. Internen Kandidaten sollte hiernach bewusst sein, dass eine Zuwiderhandlung (mindestens) das Ende der weiteren Karriere im Unternehmen zur Folge hätte. Externe Kandidaten müssten zumindest in der Probezeit mit der Befürchtung leben, dass ein aufgeflogener Betrug zur vorzeitigen Beendigung der Probezeit und Auflösung des Arbeitsverhältnisses führen kann.

Aber losgelöst von diesem (wirkungsvollen) Einschüchterungsinstrument kann es je nach Unternehmenskultur und Zielstellung des Assessment Centers schon ausreichend sein, an die Aufrichtigkeit der Teilnehmenden zu appellieren und Verständnis für den Sinn von Vertraulichkeit und Chancengleichheit für alle (zukünftigen) Teilnehmenden zu wecken. Dies wäre der positive Gegenentwurf zur eher bedrohlich wirkenden Vertraulichkeitserklärung, nämlich dass eine weiterführende Funktion auch mit der Übernahme von Verantwortung zusammenhängt, die sich schon im Assessment Center im Umgang mit den Unterlagen zeigt.

## 2.5    Rolle des Personalentwicklers

Als Verantwortlicher für die Durchführung der Remote Assessment Center wird die Rolle des Personalentwicklers komplexer. Neben der inhaltlichen Rolle als Moderator (wenn die ACs in Eigenregie durchgeführt werden) oder Beobachter und Vertreter des Personalbereichs (wenn die Moderation ausgelagert wurde), ist der Personalentwickler auch Gastgeber vor Ort und meistens auch erster Technik-Ansprechpartner. Als Gastgeber ist es seine Aufgabe, den Teilnehmenden und Beobachtern das Gefühl einer in sich geschlossenen Veranstaltung zu vermitteln und gegebenenfalls Berührungsängste gegenüber dem ungewohnten Setting und der Technik zu nehmen. Bei Remote Assessment Centern ist es noch wichtiger als bei Präsenz-ACs, dass Sie dafür Sorge tragen, dass sich alle mit dem Setting gut fühlen, das gesamte Verfahren über präsent sind und aktiv bleiben. Als Verfahrensverantwortlicher wird der Personalentwickler auch zum Technikverantwortlichen und -ansprechpartner, wenn etwas nicht laufen sollte. Selbst wenn Technikunterstützung im Hintergrund bereitsteht, bleibt es in Verantwortung des Personalentwicklers zu entscheiden, ob beispielsweise die Internetverbindung noch hinreichend ist oder das Verfahren unterbrochen werden muss. Diese Verantwortung zeigt sich schon im Vorfeld, wenn es um die Einrichtung der Technik und den Technik-Check geht: Im Präsenz-AC können weite Teile der Organisation und Koordination ‚outgesourct' werden – bei Remote Assessment Centern sollte der Personalentwickler von Anfang an bei der Einrichtung des technischen Systems dabei sein und mitgestalten. Zudem kommt auf ihn als Moderator während der Durchführung noch die Anforderung hinzu, das Remote Assessment Center stärker und klarer zu moderieren als eine reine Präsenzveranstaltung.

## 2.6  Einbindung des Betriebsrats

Die Richtlinien eines Unternehmens zur Personalauswahl sind gemäß Betriebsverfassungsgesetz § 95 Abs. 1 mitbestimmungspflichtig. Die Einführung neuer Personalauswahlverfahren bzw. die Veränderung bestehender Personalauswahlverfahren kann langwierig sein. Bei der Verhandlung einer digitalen Personalauswahl-Variante bietet sich folgendes Vorgehen an:

**Erläuterung der alternativlosen Notwendigkeit der kurzfristigen Umstellung der Personalauswahlverfahren.** Die Besetzung von Fach- und Führungspositionen kann nicht auf unabsehbare Zeit verschoben bzw. ausgesetzt werden, da dies die organisationalen Abläufe entscheidend beeinträchtigen und das Überleben des Unternehmens gefährden würde.

**Digitalisierung der bestehenden Verfahren.** Im Vordergrund sollte stehen, dass das bekannte bisherige Verfahren in einen anderen Durchführungsmodus überführt wird. Es geht im Schwerpunkt um die Beibehaltung des Bestehenden und sollte so entsprechend kommuniziert werden.

**Einbindung des Betriebsrats als ‚stiller Beobachter'.** Sofern es nicht schon üblich ist, kann dem Betriebsrat angeboten werden, dem neuen Durchführungsmodus als ‚stiller', nicht-wertender Beobachter beizuwohnen und sich selbst ein Bild vom Remote Assessment Center zu machen. Dies kann zeitlich begrenzt werden auf die Dauer der Corona-Pandemie oder auf eine vorher vereinbarte, fixe Anzahl an Remote-Durchführungen.

**Evaluation der Remote-Durchführung.** Weiterhin kann eine Evaluation des laufenden Prozesses der Remote Assessment Center (,formative Evaluation', vgl. Wottawa & Thierau, 1998) angeboten werden, also die Überprüfung, welche Folgen die Übertragung von Präsenz- auf Remote-ACs mit sich bringt. Diese Evaluation kann in Form einer qualitativen oder (bei hinreichender Anzahl) quantitativen Befragung der Stakeholder-Gruppen (Kandidaten, Beobachter) erfolgen.

Schon mit einer zeitlich begrenzten Zustimmung zur Durchführung von Remote Assessment Centern ist viel gewonnen. Ist perspektivisch geplant, die „nachgeholte Digitalisierung" auch nach der Zeit der Corona-Pandemie als dauerhafte Lösung zu implementieren, bietet insbesondere eine saubere Evaluation die beste Argumentationsgrundlage für dieses zeitgemäße Verfahren.

## 2.7   Bewertung von Remote Assessment Centern

**Chancen von Remote Assessment Centern**
Zusammenfassend bieten Remote Assessment Center viele Chancen, auch für den zukünftigen „Normalbetrieb".

- Räumliche Restriktionen fallen mit der Remote-Durchführung weg. Ob Kandidat und Beobachter in der gleichen Stadt wohnen, im selben Bundesland oder gar in unterschiedlichen Ländern verweilen, macht für die Durchführung keinen wesentlichen Unterschied.
- Hat man ein funktionierendes und stabiles technisches Konzept, fallen viele organisatorische Aufgaben weg. Dies sind zum Beispiel Reiseplanung, Hotelbuchung, Buchung von Tagungsräumlichkeiten inklusive Catering und hinterher die Reisekostenabrechnung. Die Planung von Assessment Centern ist zudem kurzfristiger möglich, da ein gemeinsames Zeitfenster wirklich nur für die Netto-Durchführungszeiten (ohne zusätzliche Reisezeiten) gefunden werden muss.
- Damit öffnet sich auch die Tür für eignungsdiagnostische Verfahren, die wegen ihrer Kürze ansonsten in einem Missverhältnis zwischen Durchführungs- und Reisezeit gestanden hätten. Die Durchführung von Video-Interviews ist hier ein erster Schritt. Aber auch Kurz-Assessments beispielsweise aus Interview plus ein oder zwei AC-Übungen sind eine Alternative.
- Dass Remote-Verfahren zeitlich trotz verlängerter Übungs- und Nachbesprechungszeiten nicht ausufernder sein müssen, liegt daran, dass sich Teile des ACs wie Online-Fragebögen oder Präsentationsvorbereitungen ins Vorfeld auslagern lassen.

- Nicht nur der klar umrissene Rahmen der zeitlichen und räumlichen Begrenzung wird zunehmend verlassen, auch die Zahl der Beteiligten wird fluider: Einerseits können Beobachter sich ausklinken, während sich ein Kandidat beispielsweise längere Zeit auf eine Fallstudie vorbereitet. Andererseits können bei der Präsentationsübung oder im Interview zusätzliche Beobachter temporär hinzugeschaltet werden.

**Nachteile und Restriktionen von Remote Assessment Centern**
Die Digitalisierung von Assessment Centern hat aber auch Nachteile bzw. man nimmt Restriktionen in Kauf:

- Mit der Digitalisierung steigt die Technikabhängigkeit. Jedes technische Element, das in das Gesamtsystem der Personalauswahl einfügt wird, ist eine potenzielle Störquelle für den reibungslosen Ablauf des Verfahrens. Für viele ist dies ein Grund, der weiterhin für Präsenz-ACs spricht.
- Technisch stoßen Remote Assessment Center an die Grenzen bei Übungen, die eine schnelle Reaktionszeit oder komplexe Interaktionen erfordern. Hier können sich unterschiedlich gute Internetverbindungen entscheidend auf die individuellen Beiträge auswirken.
- Auch die maximale Anzahl der Teilnehmenden bei Gruppenübungen und bei Assessment Centern insgesamt muss hinterfragt werden. Plan- und umsetzbar sind Assessment Center remote mit vier bis maximal sechs Teilnehmenden.
- Weiterhin hat die Praxis gezeigt, dass technische Systeme selten über längere Zeit konstant laufen, sondern Veränderungen unterliegen: Updates, Systemwechsel, veränderte Einstellungen, veränderte Nutzungsregelungen seitens des Unternehmens etc. Dass ein einmal funktionierendes technisches System auch bei der nächsten Anwendung noch genauso fehlerfrei performt, sollte nicht ungeprüft angenommen werden. Unmittelbar vor jedem AC sollte unbedingt ein Technik-Check erfolgen, möglichst unter realen Bedingungen.
- Was sich aus praktischer Sicht als ungünstig herausgestellt hat, sind AC-Settings, in denen mehrere Beobachter zum Einsatz kommen, welche sich 50:50 auf Präsenz und remote aufteilen. Dies erschwert es dem Kandidaten, alle Beobachter gleichermaßen zu adressieren.
- Weiterhin ist bei der AC-Planung in der Regel mehr Zeit für die Nachbesprechung einzuplanen. Die Beobachterkonferenz bei Remote-Besprechungen muss – wie bei Gruppenbesprechungen – noch strukturierter moderiert werden.
- Zum Schluss noch ein Wort zum Datenschutz: Ob die vorgeschlagenen Vorgehensweisen langfristig den Ansprüchen des Datenschutzes genügen, wird sich erst noch zeigen müssen. Es ist damit zu rechnen, dass es hierzu eine öffentliche

Diskussion geben wird, die das Bild, was möglich sein wird und was nicht, noch nachschärfen wird.

Eine zentrale Kritik an Remote Assessment Centern ist das Fehlen bestimmter Beobachtungselemente, die insbesondere den Beobachtern relevant erscheinen, wie bewusste und unbewusste Körpersprache, Händedruck oder Sitzhaltung. Richtigerweise argumentiert Paschen (2020) hierzu, dass genau diese schwer greifbaren Elemente, die über die eigentlich intendierte AC-Beobachtung hinausgehen, bei bekannten internen Bewerbern zu vernachlässigen sind und bei externen Bewerbern an anderer Stelle ersetzt werden können, da man sich selten ausschließlich auf das AC als Einstellungsinstrument verlasse. Bei Development Centern, also Gruppenverfahren, die der allgemeinen Potenzialerhebung dienen, kann im Remote-Modus das Wegfallen dieser möglichen Verfälschungseffekte eventuell sogar zur Erhöhung der Validität führen.

**Möglichkeiten für die Zukunft nach Corona**
Ursprünglich sind im Assessment Center ausschließlich Eindrücke bewertet worden, die unmittelbar im Verfahren beobachtet wurden. Aber schon mit der Aufnahme von Testverfahren und Fragebögen in den Kanon der AC-Übungen wurden AC-Elemente ausgelagert, welche nicht zwangsläufig im AC selbst, sondern im Vorfeld des ACs durchgeführt werden können. Remote Assessment Center verstärken diesen Trend. Denn meistens wird unter Remote Assessment Centern zwar verstanden, dass die Beteiligten an unterschiedlichen Orten sind. Es sind aber auch Zeitverschiebungen denkbar, wenn Präsentationen zuhause vorbereitet oder Interviews aufgezeichnet und von den Beobachtenden zu einem späteren Zeitpunkt bewertet werden. Mit der Virtualisierung und Digitalisierung von Assessment Centern entwickelt sich die Eignungsdiagnostik zukünftig weg von einem punktuellen Ereignis, hin zu einem diagnostischen Prozess.

Assessment Center remote durchzuführen, was anfangs noch ungewohnt war, wird zukünftig völlig zeitgemäß sein, da dies auch allgemein die Form der virtualisierten Arbeit im Unternehmen abbildet. Präsenz-ACs, in denen alle Beteiligte zu einer festen Zeit an einem bestimmten Ort zusammenkommen müssen, laufen Gefahr, in Zukunft eher unzeitgemäß zu wirken. Sollte es am Ende der Pandemie Impulse geben wieder zum früheren Vorgehen zurückzukehren, wird es nicht lange dauern, bis man sich der Fortschritte, die man mit den Remote Assessment Centern während der Corona-Pandemie gemacht hat, erinnern wird.

# Virtuelle Teamentwicklung

# 3

## 3.1 Verständnis des Begriffs Teamentwicklung

Gruppen und Teams finden sich in nahezu allen Organisationsformen. Sie arbeiten zusammen und liefern ihren Beitrag zum Erfolg der Unternehmung. Teams funktionieren nach bestimmten Prinzipien und können in ihrem Zusammenspiel unterstützt werden (Ullmann-Jungfer & Werkmann-Karcher, 2010). Daher fällt der Entwicklung, Optimierung und Verbesserung der Teamarbeit eine besondere Bedeutung zu. Oft unternehmen Teams und insbesondere ihre Führungskräfte gezielt Aktivitäten und Maßnahmen selbst, um sich weiter zu entwickeln. In vielen Fällen ist es sinnvoll, einen strukturierten Prozess aufzusetzen und diesen durch einen Experten für Teamentwicklung begleiten zu lassen, der bewusst nicht Teil der Gruppe ist. In diesem Sinne lässt sich Teamentwicklung als systematische und strukturierte Unterstützung für ein Team verstehen, sich in seiner Zusammenarbeit zu verbessern. Experten, um solche Prozesse zu initiieren und zu begleiten, finden sich in Unternehmen meistens im Personalbereich und insbesondere in der Personalentwicklung.

Die Unterstützung, die über die Personalentwicklung angeboten wird, erfolgt vereinfacht dargestellt in der Regel in mehreren aufeinander folgenden Schritten, die unabhängig vom Durchführungsmodus sind:

1. **Vorbereitung des Teamworkshops:** Mit dem Team werden die Erwartungen an die Teamentwicklung geklärt und wird ein gemeinsames Verständnis geschaffen, was mit der Teamentwicklung erreicht werden soll. In diesem ersten Schritt ist die Personalentwicklung federführend aktiv. Hier klärt sich in den ersten Gesprächen, ob ein externer Berater hinzugezogen wird. Dieser leitet dann im weiteren Verlauf aus der Zielsetzung eine Agenda für den

J. Bregas et al., *Digitale Formate in der Personalentwicklung*, essentials, https://doi.org/10.1007/978-3-662-64648-9_3

Workshop ab. Vorab können auch Interviews oder Gespräche im Team oder mit einzelnen Teammitgliedern geführt werden, um ein näheres Verständnis für die Situation und die Handlungsfelder der Gruppe zu entwickeln.

2. **Durchführung des Teamworkshops:** Der Workshop schafft für das Team einen Raum, in dem die gemeinsamen Themen besprochen, geklärt oder erarbeitet werden können. Er ist eine Plattform für gemeinsame Arbeit, Austausch und Reflexion an den verabredeten Themen mit möglichst großem Freiraum für alle Teilnehmer sich einzubringen. Der Berater nimmt die Rolle des Moderators ein, der die Gruppe dabei unterstützt, ihre Ziele zu erreichen.

3. **Transfersicherung:** Im Nachgang setzt das Team die verabredeten Maßnahmen um. Oft sind es aber auch Diskussionen, die nachwirken, oder neue Sichtweisen, die etwas in Gang setzen. In der Zeit nach dem Workshop geht es darum, die Umsetzung der Maßnahmen wie die Effekte des Workshops im Auge zu behalten und zu besprechen. Das Team überlegt sich, wie dies geschehen kann, oder lässt sich durch den Berater Empfehlungen für ein Vorgehen geben. Teamrunden, Retrospektiven oder auch ein weiterer Workshop können geeignete Formate sein, den Transfer der verabredeten Aktionen zu sichern und bei Bedarf diese auch zu justieren oder neue Maßnahmen aufzusetzen.

## 3.2    Digitalisierung bei Planung und Umsetzung einer Teamentwicklung

Mitarbeiter und Mitarbeiterinnen arbeiten seit Ausbruch der Pandemie deutlich verstärkt im Homeoffice (s. auch Kapitel Führungskräfteentwicklung - Online). Dies bedeutet, dass Teams immer seltener ausschließlich am Arbeitsplatz in der Organisation arbeiten werden. Teams werden zunehmend verteilt arbeiten. Einige im Homeoffice, andere in den Räumen der Organisation. Führung und Formen der Zusammenarbeit finden gemeinsam in Präsenz, in virtuellen Räumen oder in hybriden Konstellationen statt. Diese Entwicklung ist unter zwei Aspekten für die Gestaltung von Teamentwicklungsprozessen relevant:

Die veränderten Rahmenbedingungen – Zusammenarbeit in Präsenz, virtuell oder hybrid – können zum Thema für das Team werden. Die Zusammenarbeit der Kollegen untereinander verändert sich. Die Kommunikation findet geplanter statt. Spontaner Austausch ist virtuell schwer denkbar und auch informeller Austausch in Form eines virtuellen Kaffees muss geplant werden. Das Aufschnappen von Gesprächen am Nachbarschreibtisch entfällt. Die Führungskraft wird ihr

Führungsverhalten auf die neuen Bedingungen umstellen und steht vor neuen Fragen:

- Was sind die möglichen Auswirkungen auf den Teamzusammenhalt und die Beziehungen untereinander?
- Wie gestalten wir unsere Meetings im Team und halten uns auf dem Laufenden?
- Wie kommen wir zur Entscheidung?
- Wie entwickeln wir zusammen Neues?
- Wie wirkt sich das auf meine Führung aus?

Der andere Aspekt, der sich auf die Teamentwicklung auswirkt, ist eher ein technischer. Digitale Medien werden vermehrt im Arbeitsalltag genutzt. Daher ist es auch schlüssig, zumindest einzelne Prozessschritte der Teamentwicklung online durchzuführen und hier die Methoden und Tools zu nutzen, die auch in der täglichen Praxis relevant sind. Gespräche zur Auftragsklärung oder Interviews zu Bedarfserhebung können ebenso wie der Workshop oder transfersichernde Maßnahmen virtuell durchgeführt werden.

Doch wie kann nun die Nutzung digitaler Medien zur Umsetzung einer Teamentwicklung in remote gelingen? Die technische Umstellung auf eine virtuelle Zusammenarbeit im Teamworkshop führt zu einer veränderten Dynamik im Team und anderen Möglichkeiten des Beraters, darauf einzugehen. Bei der weiteren Betrachtung liegt der Schwerpunkt darauf, die spezifischen Herausforderungen bei der Gestaltung eines Workshops zur Teamentwicklung auf remote darzustellen. Anschließend werden die Möglichkeiten erläutert, wie eine solche Veranstaltung remote erfolgreich durchgeführt werden kann.

Die Herausforderungen für ein erfolgreiches Gelingen liegen an den im Vergleich zum Präsenz-Workshop veränderten Rahmenbedingungen:

**Begrenzte Wahrnehmung.** Das Erleben der Teilnehmenden ist im virtuellen Raum eine andere als in Präsenz. Die Wahrnehmung ist auf Teilaspekte beschränkt. Körpersprachliche Informationen wie Gestik und Mimik sind remote schwieriger wahrzunehmen und zu interpretieren. Oft drückt sich zum Beispiel Zustimmung oder Ablehnung nonverbal aus. Diese Begrenzungen wirken sich auf das Erleben der Teammitglieder untereinander aus. Ebenso eingeschränkt ist auch die Wahrnehmung des Moderators. In einem Präsenz-Workshop ist es für ihn einfacher als in einem virtuellen Raum, die Stimmung zu erspüren, auf den Gesichtern der Teilnehmer zu deuten und dann darauf zu reagieren.

**Eingeschränktes Erleben.** Auch auf der Ebene der gemeinsamen Aktion und des miteinander Machens schränken sich die Möglichkeiten ein. Optionen, wie

z. B. vor einem Flipchart stehen und gemeinsam eine Idee auszuarbeiten, im Gehen jemanden näher kennenzulernen oder im Team etwas gemeinsam zu bauen, sind schwer in einem virtuellen Setting zu simulieren.

**Verstärkte Zurückhaltung.** In Präsenz lassen sich Stimmungen und Emotionen eines Teams besser erfassen. Durch den virtuellen Raum geht selten ein gemeinsames Raunen und es ist schwer erkennbar, wie das Team als Ganzes eine Diskussion aufnimmt oder auf eine Entscheidung reagiert. Die begrenzte Wahrnehmung, wie die Kollegen reagieren, fördert eine zurückhaltende Art bei vielen Teilnehmern. Das gesprochene Wort gewinnt noch stärker an Bedeutung. Überspitzt gesagt: Nur wer spricht, kommt vor. Teilnehmer, die eher zurückhaltend sind, nehmen sich vielleicht noch stärker zurück als sie dies in einem Präsenzworkshop täten.

**Vereinfachtes Ablenken.** Teilnehmer lassen sich im virtuellen Raum eher als im realen Raum ablenken. Sie sind leichter anfällig, mal parallel die Mails zu checken oder nebenher ein Telefonat zu führen. Schon der reale Raum, von wo aus ein Teammitglied am Workshop teilnimmt, bietet genug Reize, sich ablenken zu lassen. Diese sind vielfältig, zum Beispiel der Blick aus dem Fenster, der Gang in die Küche oder das neue Buch auf dem Schreibtisch.

Die Aufmerksamkeit hoch zu halten, ist daher eine zentrale Herausforderung bei der Arbeit remote mit Teams.

**Anfällige Technik.** Technische Instabilitäten können den Prozess beeinträchtigen. Störungen bei der Ton- und Bildqualität lassen den Austausch ins Stocken geraten und lenken die Aufmerksamkeit von den inhaltlichen Themen weg. Aber nicht nur die technische Infrastruktur kann instabil sein. Auch mangelnde Fertigkeiten aufseiten der Teilnehmer im Umgang mit digitalen Medien und Methoden können den Ablauf stören und das Vorankommen hemmen. Technische Tools wie zum Beispiel Whiteboards sind eben nur dann hilfreich, wenn auch alle Teilnehmer reibungslos damit arbeiten können.

Was bedeutet dies nun für die Planung und Durchführung von Teamentwicklungsprozessen? Die oben genannten Aspekte gelten für alle Schritte der Teamentwicklung. Denn im Kern geht es darum, interaktive, kommunikative Prozesse innerhalb eines Teams in einen virtuellen Raum zu übertragen. Die Herausforderung ist bei der Durchführung eines Workshops mit dem gesamten Team sicher komplexer als z. B. das Führen von Interviews oder Auftragsklärungen mit einzelnen Teammitgliedern über digitale Medien. Daher werden im Folgenden Ansätze zur Gestaltung von Workshops skizziert.

Bei der Umstellung auf ein digitales Format sind zwei Aspekte besonders zu beachten:

Zunächst spielt der inhaltliche Aspekt eine wichtige Rolle und es werden die **Themen und Anlässe der Teamentwicklung** näher betrachtet:

- Was sind die Themen und Inhalte in der Teamentwicklung?
- Was ist der Anlass, aus dem heraus eine Teamentwicklung initiiert wird?

Meist gibt es einen konkreten Anlass, um eine Teamentwicklung zu initiieren. Die Anlässe können sehr vielfältig sein (Kauffeld, 2014). Einige typische Anlässe sind zum Beispiel:

- **Neustart.** Ein Team wird neu gebildet. Die Teammitglieder kennen sich nicht bzw. haben bislang noch nicht in einer Gruppe zusammengearbeitet.
- **Teamorganisation.** Das Team arbeitet an Prozessen und Strukturen.
- **Teamstimmung.** Das Team möchte die Zufriedenheit steigern und die Stimmung verbessern.
- **Teamleistung.** Das Team ist nicht zufrieden mit der eigenen Performance und will die Leistung verbessern.
- **Teamkonflikt.** Mangelnde Kommunikation, aufkommende oder eskalierende Konflikte belasten das Team und deren Arbeit.

Unabhängig davon, ob eine Teamentwicklung oder ein Teamworkshop in Präsenz, virtuell oder hybrid stattfinden, sind diese Anlässe unterschiedlich anspruchsvoll zu bearbeiten. Der Erfolg hängt immer an der Bereitschaft des Teams, ein Thema anzugehen. Die Klarheit im Auftrag und der Zielsetzung ist stets eine wichtige Voraussetzung. Die Anforderungen, mit einem Team eine Krise und eskalierte Konflikte zu klären, sind immer höher als ein intensives Kennenlernen für einen Neustart zu fördern. Aber wenn einzelne Schritte in der Teamentwicklung wie zum Beispiel der Teamworkshop remote ablaufen, kommen weitere Anforderungen wie im Abschnitt zuvor beschrieben hinzu. Die Tab. 3.1 führt typische Themen und Anlässe für eine Teamentwicklung auf und wagt eine Einschätzung, wie gut diese inhaltlich und technisch remote umzusetzen sind.

Zweiter Aspekt ist das **Format der Kommunikation**. Damit ist gemeint, in welcher Form Kommunikation stattfindet:

- Was läuft in Dialogen?
- Was diskutiert die Gruppe zusammen?
- Ist es sinnvoll, kleinere Gruppen arbeiten zu lassen?
- Wann ist die Führungskraft dabei, wann nicht?

**Tab. 3.1** Bewertung der inhaltlichen und technisch-methodischen Übertragbarkeit einzelner Schritte der Teamentwicklung sowie unterschiedlicher Teamworkshop-Anlässe

| Format | Inhaltliche Übertragbarkeit | Technisch/ methodische Übertragba rkeit | Kommentar |
|---|---|---|---|
| Vorbereitung Gespräche und Interviews zur Auftragsklärung | 😊 | 😊 | Gespräche sind gut in ein Remote-Format übertragbar. Sie bieten einen geschützten vertrauten Rahmen für ein persönliches Kennenlernen und für einen offenen Austausch zu den Zielen und Themen der Teamentwicklung. Die örtliche und zeitliche Flexibilität kommt diesem Prozessschritt entgegen. |
| Teamworkshop Anlass: Neustart | 😐 | 😐 | Auch virtuell kann ein Kennenlernen von Personen und Themen gefördert werden. Ein Austausch unter den Teilnehmenden ist möglich. Was schwerer in einem virtuellen Setting abbildbar und für einen Neustart wichtig ist, ist das gemeinsame Erleben zum Beispiel über eine Teamübung und der informelle Austausch in Pausen oder zum gemeinsamen Abend. |
| Teamworkshop Anlass Teamorganisation (Regeln/Struktur) | 😊 | 😊 | Das gemeinsame überwiegend inhaltliche Arbeiten an Regeln, Prozessen und Strukturen ist auch remote machbar. Methoden für die Erarbeitung und Vorstellung von Ergebnissen sind anwendbar. |
| Teamworkshop Anlass: Mangelnde Kommunikation und Konflikte | 😐 | 😐 | Bei diesem Anlass kommt es auf das Vertrauen untereinander an, sich bei diesen persönlichen Themen zu öffnen. Je weniger das Vertrauensverhältnis im Team ausgeprägt ist, desto schwieriger wird sich der Workshop remote durchführen lassen. Teilnehmende können leichter abtauchen und sich der Diskussion entziehen. Virtuell erarbeitete Konfliktlösungen können sich später in Präsenz als Scheinlösungen erweisen. Auch ein Workshop in Präsenz garantiert zwar keinen Erfolg. Dennoch fällt es hier schwerer abzutauchen. Zumindest ist es auffälliger, wenn jemand sich aus dem Prozess rauszieht, als in einem virtuellen Workshop. |
| Teamworkshop Anlass: Lösung eines konkreten Problems | 😊 | 😊 | Das gemeinsame Arbeiten zur Lösung eines konkreten Problems kann gut remote angegangen werden. Methoden für die Erarbeitung und Vorstellung von Ergebnissen sind anwendbar. Spezielle Tools können die Arbeit unterstützen. |

(Fortsetzung)

**Tab. 3.1** (Fortsetzung)

| Teamworkshop Anlass: Krise | | | Krise steht für einen Zustand, in dem nicht mehr viel im Team geht. Hier machen sich einige Restriktionen wie zum Beispiel die begrenzte Wahrnehmung untereinander besonders bemerkbar. Schnell den Ablauf anzupassen, neue Gesprächsrunden zu bilden, informell während der Pause auf jemanden zugehen-all dies ist in einem Teamworkshop remote nicht so einfach möglich. |
| --- | --- | --- | --- |
| Transfersicherung Follow Up Workshop, Reviews | | | Die Umsetzung von Verabredungen und Maßnahme kann auch remote gut bewertet und besprochen werden. Schwieriger ist es, mangelnde Akzeptanz einzuschätzen oder mit Widerständen umzugehen. Methodisch und organisatorisch lassen sich Follow Ups leichter planen und umsetzen als Präsenzveranstaltungen. |

Die Übertragung auf ein digitales Format gelingt für Dialoge zu zweit oder Diskussionen mit mehreren Personen unter gewissen technischen Faktoren sehr gut. Auch im virtuellen Raum sollte es das Ziel sein, die persönliche Interaktion und Kommunikation möglichst umfänglich wie im realen Raum abzubilden. „So tun, als ob man sich persönlich trifft" könnte das Prinzip für die Gestaltung der Kommunikationsformate heißen. Dies gelingt durch folgende Maßnahmen:

**Sichtkontakt durch Kamera.** Eine wichtige Voraussetzung für das erfolgreiche Zusammenarbeiten im Teamentwicklungsworkshop ist der Sichtkontakt untereinander. Nur so lassen sich Mimik, Körperhaltung und Gestik wenigstens in einem Ausschnitt wahrnehmen. Die nonverbalen Signale helfen bei der Einschätzung der Kommunikation und beim Verstehen untereinander. Wenn die Kameras aus sind und dadurch kein Blickkontakt möglich ist, mindert das die Bereitschaft, sich einzubringen und konstruktiv oder gar kritisch mitzudiskutieren. So besteht die Gefahr, dass wichtige Informationen und Beiträge, Sichtweisen und Perspektiven verloren gehen.

**Offenes Mikrofon.** Ebenso ist es wichtig, die Mikrofone zu nutzen. Wenn die Gruppe nicht zu groß ist, sollten die Mikrofone für die ganze Dauer des Workshops offengehalten werden. Das vereinfacht das Mitmachen und das Sich-Einbringen der Teilnehmer. Spontane Äußerungen, Zustimmung oder Ablehnung sind dann eher möglich auszudrücken und machen den Workshop – wie in Präsenz - lebendiger. Das Mikrofon nur zu nutzen, wenn jemand etwas sagen möchte oder gar durch „Handheben" zu regulieren, erschwert die Spontanität und hemmt das schnelle Reagieren auf Beiträge anderer. **Chatnutzung.** Im virtuellen Raum kann ein zusätzlicher Kommunikationskanal aufgemacht und angeboten werden. Über den Chat kann der Moderator Informationen posten oder Fragestellungen eingeben. Die Teilnehmer können auf Beiträge der Kollegen eingehen, diese kommentieren und bewerten. So werden zusätzlich zur Diskussion Meinungen und Stimmungen geäußert. Der Chat kann die Kommunikation im Teamworkshop bereichern und dazu beitragen, dass der Verlauf lebendiger wird. **Technisch stabile Basis.** Ohne eine stabile Technik wird ein Workshop remote nicht erfolgreich funktionieren. Technische Störungen demotivieren das Team und den Moderator und lenken von der Auseinandersetzung mit den Themen und Inhalten ab. Das unterstreicht, wie wichtig es ist, die technischen Voraussetzungen im Vorfeld zu testen. Dies gilt für das System, in dem sich das Team remote „trifft", aber auch für die Tools, die im Workshop genutzt werden. Auch die Teilnehmenden sollten mit der Technik und den digitalen Tools arbeiten können. Eine Generalprobe, um zu Beispiel mit einem Whiteboard zu arbeiten, kann helfen, den Teammitgliedern die notwendige Sicherheit zu vermitteln. Unsicherheiten in Umgang mit den digitalen Werkzeugen führen dazu, dass sich die Teilnehmenden eher zurückhalten und weniger einbringen.

## 3.3 Erfolgsfaktoren von Remote-Teamentwicklungsworkshops

Der Workshop ist ein zentraler Schritt in der Teamentwicklung. Die Ergebnisse der Auftragsklärung und Bedarfserhebung fließen hier mit ein. Die Ergebnisse, die im Workshop erarbeitet und verabredet werden, sollen im Nachgang umgesetzt werden. Die erfolgreiche Planung eines Teamentwicklungsworkshops hat daher einen besonderen Stellenwert unabhängig davon, ob der Workshop remote oder in Präsenz stattfindet. Für einen Teamentwicklungsworkshop im virtuellen Raum gelten zusätzliche Faktoren, die bei Vorbereitung der Veranstaltung zu berücksichtigen sind und die bei der Durchführung sehr unterstützen. Auf drei Aspekte soll im Folgenden eingegangen werden.

**1. Einbindung ermöglichen**
Im virtuellen Raum sollte die Haltung „Jeder zählt" besonderes Gewicht haben. Damit ist gemeint, möglichst jeden Teilnehmer zu Wort kommen zu lassen und sich verbal einbringen zu können. Das nonverbale Zustimmen beispielsweise durch

Gestik oder Mimik ist remote schlechter wahrnehmbar. Die Schwelle für spontane Reaktionen ist höher als in Präsenz, weil niemand dem anderen ins Wort fallen will oder das Mikrofon erst geöffnet werden muss. So können gemeinsam Ergebnisse und Verabredungen mit höherer Akzeptanz erzielt werden, wenn alle an der Entwicklung aktiv mitgewirkt haben und sich in die Diskussion einbringen konnten.

Um eine möglichst hohe Beteiligung zu ermöglichen, können in Teamworkshop remote viele interaktive Formate, die aus den Präsenzworkshops bekannt sind, adaptiert werden. Die Gesamtgruppe lässt sich in kleinere Gruppen aufteilen. Diese können in sogenannten Breakout-Sessions oder virtuellen Räumen ähnlich wie in einem Gruppenraum in einer Veranstaltungslocation arbeiten. Mit einem digitalen Whiteboard ausgestattet können kleinere Gruppen konstruktiv zusammenarbeiten. Auch Formate wie zum Beispiel das World Café (Brown & Isaacs, 2007) lassen sich gut übertragen. Die technischen Möglichkeiten lassen die Arbeit in vielen Varianten für Interaktion zu und bieten hier teilweise sogar neue Möglichkeiten, die es so in Präsenz nicht gibt.

Eine Möglichkeit, alle Teilnehmenden zu Wort kommen zu lassen, ohne sie in kleinere Gruppen zu unterteilen, bietet der „Time to think"-Ansatz nach Nancy Kline (Kline, 2016). Die Methode fördert den tieferen Austausch, in dem alle Stimmen gehört werden. Dabei sind vor allem drei Grundprinzipien zu beachten (Abb. 3.1).

Regelmäßig kann dieses Format im Verlauf des Workshops genutzt werden, um die Meinung aller Teilnehmenden zu wichtigen Fragen oder Punkten einzuholen.

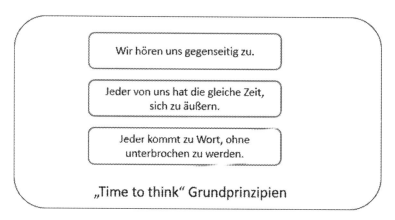

**Abb. 3.1** Grundprinzipien „Time to think" nach Nancy Kline

Der Moderator erläutert die Grundprinzipien, schlägt ein angemessenes Zeitfenster vor und lässt der Reihe nach jeden Teilnehmer zu Wort kommen. Er kann die wichtigsten Äußerungen eines Beitrags schriftlich festhalten oder die Teilnehmer bitten, die Kernaussage zu formulieren und beispielsweise auf einem Whiteboard festzuhalten.

Die virtuelle Arbeit im Workshop erlaubt es, über den Chat einen weiteren zusätzlichen Kanal für Interaktion und Einbindung von Meinungen und Beiträgen zu öffnen. Per Chat können Fragen und Anmerkungen eingestellt werden, die während einer Diskussion oder einer Präsentation sprachlich nicht geäußert werden konnten. Der Moderator kann bereits zu Beginn den Chat hervorheben und das Arbeiten mit ihm vorleben, in dem er zum Beispiel Fragen an das Team einstellt oder zu Stimmungsabfragen den Chats selbst aktiv nutzt. Er sollte darauf achten, Einträge im Chat aufzugreifen und in den Austausch einzubinden.

**2. Aufmerksam hochhalten**
Im virtuellen Workshop ist es schwieriger sich zu konzentrieren als in einer Präsenzveranstaltung. Die Ablenkungsmöglichkeiten sind vielfältiger. Die Teilnehmenden haben auch während des Workshops Zugriff auf ihre Mails oder blicken eher mal auf ihr Handy. Im Seminarraum fällt dieses Verhalten auf und wird durch die anderen Kollegen oder den Moderator zumindest angesprochen. Aber auch der Blick in die reale Umwelt, sehr oft das eigene Homeoffice, verleitet dazu, dem Gespräch nicht mehr konzentriert zu folgen. Die Katze kommt daher gestromert, der Paketdienst klingelt oder die Pflanze fällt auf, die doch dringend gegossen werden sollte. Die Beanspruchung, eine lange Zeit ausschließlich auf den Bildschirm zu schauen und sich kaum zu bewegen, ist sehr hoch. Die Teilnehmer sind dann irgendwann zwar noch am Bildschirm, aber nicht mehr aktiv im Prozess. Dass Phänomen, sich zu auszuklinken und nicht mehr aufmerksam am Geschehen teilzuhaben, fällt remote deutlich weniger auf und gelingt unauffälliger als in einem realen Raum.

Um die Aufmerksamkeit hochzuhalten, gibt es mehrere Ansatzpunkte:
**Relevante Themen bearbeiten.** Im Rahmen der Auftragsklärung werden Ziele und gewünschte Ergebnisse für die Teamentwicklung möglichst unter Einbindung der Teammitglieder und nicht nur der Führungskraft ermittelt. Daraus werden die spannenden und für das Team relevanten Themen abgeleitet. Je bedeutsamer die Themen, die im Workshop besprochen werden, für das Team sind, desto fokussierter sind die Teilnehmenden und umso länger können sie aufmerksam am Prozess teilnehmen.

**Pausen einlegen.** Der Workshop sollte zeitlich so geplant sein, dass die Belastung nicht zu hoch wird und die Teilnehmer nicht die Aufmerksamkeit verlieren und abtauchen. Die Arbeitsphase eines Workshops sollte nicht länger als drei Stunden dauern. Danach sollte eine größere Pause von mindestens einer Stunde eingelegt werden, bevor die nächste Arbeitsphase beginnt. Die dreistündigen Einheiten sollten zudem durch kürzere Pausen unterteilt sein. Sie dienen vorrangig der Regeneration. Pausen können aber auch genutzt werden, um Mails zu sichten oder einen Anruf zu führen. Dies kann wieder einen freien Kopf für den weiteren Teamprozess schaffen. **Interaktiven Ablauf gestalten.** Die thematische Arbeit sollte wie im Absatz zuvor möglichst interaktiv gestaltet sein. Darüber hinaus empfiehlt es sich, immer wieder die Teilnehmer zu aktivieren und ihr aktives Mitmachen einzufordern. Über sogenannte Check-Ins und Check-Outs lassen sich Einstiegs- und Abschlusssequenzen unter Einbindung aller Teilnehmer gestalten. Die Idee dahinter ist, bereits vor der inhaltlichen Arbeit alle Teammitglieder zu Wort kommen zu lassen. Sie dienen dem Aufwärmen und Ankommen im Workshop. Jeder Teilnehmer bringt sich aktiv ein. Ein Check-In oder Check-out läuft zum Beispiel so ab, dass jedes Teammitglied eine Frage beantwortet. Die Fragen werden per digitalem Zufallsgenerator zugeteilt. Sie können unterschiedlichste Themengebiete abdecken. Die Fragen können an Inhalte des Teamworkshops anknüpfen (z. B. Wenn Du Dir für Dein Team etwas wünschen würdest, was wäre das? Was schätzt Du an Deinem Team besonders?) aber auch keinen Bezug zum Workshop haben und eher den lockeren Einstieg fördern (z. B. Welches Wetter passt heute am besten zu Deiner Stimmung? Welche Musik gefällt Dir aktuell besonders gut?). Der Check-In läuft zu Beginn einer Arbeitsphase oder eines Arbeitstages, der Check-Out zum Abschluss eines Arbeitstages. Wichtig ist es, für den Moderator auf die Äußerungen wertschätzend einzugehen. Wenn die Fragen zum Check-In in einem näheren Bezug zu den Inhalten der Teamentwicklung stehen, sollte der Moderator die Beiträge aufnehmen und sie in die inhaltliche Arbeit integrieren. Für die Gestaltung dieser Check-Ins und -Outs gibt es mehrere digitale Plattformen oder der Moderator setzt ein eigenes Set an Fragen auf, die einen stärkeren Bezug zu dem Team oder dessen Entwicklung haben. **Inputs zeitlich begrenzen.** In Teamworkshops arbeiten die Teammitglieder zusammen und tauschen sich aus. In bestimmten Phasen ist eine aktive Teilnahme schwerer umzusetzen. Immer dann, wenn alle Teilnehmenden einem längeren Beitrag oder einer Präsentation folgen, ist es besonders anspruchsvoll, die Aufmerksamkeit zu gewährleisten. Der Teamleiter stellt beispielsweise die Projekte des nächsten Jahres vor, ein Teammitglied berichtet von den Schwierigkeiten mit der neuen Telefonieanlage und den Auswirkungen auf die Kundenzufriedenheit oder der Moderator referiert über Phasen der Teamentwicklung oder Konfliktlösungsmodelle. Die Vorstellung solcher Impulse sollte kurz, auf den Punkt sein und die Aufmerksamkeitsspanne der Zuhörenden berücksichtigen. Auch wenn die Vorträge gut strukturiert sind und durch Fragen an die Teilnehmenden aufgelockert werden können, empfiehlt es sich, die Dauer auf maximal 15 Minuten zu begrenzen. Falls ein Thema nicht in dieser Zeit vermittelt werden kann, kann es durch eine Pause unterbrochen werden oder in zwei Einheiten zu verschiedenen Zeitpunkten präsentiert werden. Zuerst berichtet der Teamleiter zum Beispiel über die anstehenden Projekte. Anschließend geht es in den Austausch mit den Teammitglieder. Danach stellt er in einem zweiten Teil die anstehenden operativen Tätigkeiten vor. **Teilnehmerzahl beachten.** Die Größe des Teams nimmt auch Einfluss darauf, wie aufmerksam die Teilnehmer folgen und mitmachen können. Je mehr Personen am Workshop teilnehmen, desto weniger kann sich der einzelne einbringen und umso schneller kann die Aufmerksamkeit schwinden. Oft wird empfohlen, mit nicht mehr als 12 Personen im Online-Workshop zu arbeiten. Bei einer Teamentwicklung dürfen jedoch keine Teammitglieder ausgeschlossen werden. Möglicherweise können bei großen Teams mehrere Workshops zu einem Thema nacheinander mit kleineren Gruppen durchgeführt werden. Nach Abschluss aller Veranstaltungen werden in einer gemeinsamen Runde die Ergebnisse transparent gemacht und abgestimmt. In manchen Fällen bietet sich eine Aufteilung in kleinere Gruppen an, wenn das Team zum Beispiel auf mehrere Standorte oder nach verschiedenen Aufgabengebieten verteilt ist. Auch eine Erhöhung der Anzahl der Moderatoren könnte ein Weg sein. Zwei oder drei Moderatoren sind eher in der Lage, Teamprozesse auch bei einer größeren Teilnehmeranzahl zu steuern.

**Kontext variieren.** Eine weitere Möglichkeit, über Abwechslung die Aufmerksamkeit zu erhöhen, besteht darin, den Kontext zu ändern. Dies bedeutet als Team den virtuellen Raum zumindest für kurze Phasen zu verlassen. Die Teilnehmer können spazieren gehen und sich zu zweit oder in kleineren Gruppen per Handy über eine Frage austauschen. Der Moderator fordert zum Beispiel dazu auf, Fotos zu machen oder Gegenstände mitzubringen, die für die aktuelle Stimmung in der Gruppe stehen oder Stärken des Teams veranschaulichen.

**Einsatz von Moderatoren-Tandems.** Förderlich kann es sein, wenn statt eines Moderators ein Tandem auch bei kleineren Teams durch den Workshop führt. Dies ist zum einen hilfreich, um alle Reaktionen und Interaktionen besser im Blick zu haben und aufzunehmen. Außerdem ist es für die Teilnehmenden abwechslungsreicher und leistet somit auch einen Beitrag dazu, die Aufmerksamkeit aufrecht zu halten.

### 3. Visualisierung durch analoge und digitale Tools nutzen

Das gesprochene Wort ist die hauptsächliche Informationsquelle in einem virtuellen Teamworkshop. Es erfordert volle Konzentration aller Teilnehmenden, um alles Gesagte nachvollziehen zu können. Um das Zuhören und Verstehen zu erleichtern, kommt dem Visualisieren von Beiträgen und Ergebnissen eine hohe Bedeutung zu. Sei es nun auf einem Whiteboard, im Chat oder einem anderen Dokument. Wichtige

Beiträge sollten erkennbar dokumentiert sein. Stimmungsabfragen („Meine Stimmung im Team in drei Schlagworten") oder Einschätzungen auf einer Skala zu einer bestimmten Situation („Wie zufrieden bin ich mit unseren Prozessen?") können über zahlreiche Online-Tools einfach abgefragt und die Ergebnisse schnell und verständlich visualisiert werden. Dies hilft, Diskussionsverläufe, Ergebnisse und Verabredungen im Team besser nachvollziehen zu können. Der Effekt verstärkt sich, wenn auch erkennbar ist, von wem die Beiträge gekommen sind und die Namen der Teilnehmer mit dokumentiert werden. Dies gilt auch für Aufgabenstellungen und Arbeitsaufträge für Gruppenarbeiten. Sie sollten sichtbar und nachlesbar für die Teammitglieder sein.

Aber Visualisierung kann auch in anderen Situationen förderlich sein. In Präsenzveranstaltungen sitzen die Teilnehmenden in einem Stuhlkreis. Im Stuhlkreis sitzend lassen sich Kleingruppen einteilen oder die Reihenfolge bei einer Abfrage leicht strukturieren. In einem virtuellen Raum kann ein Stuhlkreis visualisiert werden (Abb. 3.2) und dann ähnlich wie in einem Präsenzworkshop genutzt werden. Ebenso können digitale Timer, die sichtbar für alle am Bildschirm laufen, zum Zeitmanagement genutzt werden. Auch das Nutzen von Karten, die in die Kamera gehalten werden, schaffen Aufmerksamkeit. Ein bekanntes Beispiel ist die „ELMO"-Karte („Enough, let's move on"), die in Kamera gehalten signalisiert, dass ein Thema ausreichend lange besprochen wurde und man zum nächsten Punkt

**Abb. 3.2** Virtueller Stuhlkreis für den Einsatz im Teamentwicklungsworkshop (Quelle: Entwurf Torsten Stolzenberg)

kommen möchte. Solche Karten können vorab verschickt werden oder im Workshop selbst geschrieben werden.

Für eine erfolgreiche Überführung eines Teamworkshops in ein virtuelles Szenario sind neben den spezifischen Aspekten auch diese zu berücksichtigen, die ebenso für Workshops in Präsenz gelten, wie zum Beispiel eine gründliche Auftragsklärung oder ein ausgewogener Methodenmix. Insgesamt kann man festhalten, dass es vielversprechende Ansätze gibt, eine Teamentwicklung und auch einen Teamworkshop remote erfolgreich durchführen zu können.

## 3.4   Rolle des Personalentwicklers

Ob der Personalentwickler eine Teamentwicklung remote, in Präsenz oder in einer Kombination aus beidem begleitet, macht mit Blick auf seine Rolle und seine Aufgaben kaum einen Unterschied. Wenn der Personalentwickler ein Anliegen für eine Teamentwicklung an einen externen Berater vermittelt, wird er weiterhin einen kompetenten Kollegen recherchieren, den Kontakt mit dem Team herstellen und bei den ersten Gesprächen beraten. Übernimmt er den Auftrag selbst, wird er von der Auftragsklärung bis zur Moderation des Teamworkshops den Prozess mit dem Team gestalten. Um dies auch remote oder zumindest mit virtuellen Bausteinen umzusetzen, benötigt er zusätzliche Kompetenzen und Kenntnisse. Er muss sich mit digitalen Tools und Techniken auskennen und mit ihnen arbeiten können. Er sollte in der Lage sein, die Formate der Teamentwicklung in ein virtuelles Setting zu übertragen, und um die Besonderheiten in der virtuell ausgestalteten Teamentwicklung wissen. Dies gilt sowohl für Planung und Konzeption als auch für die Umsetzung und Moderation. Als besonders kurzweilig wird ein Workshop von den Teilnehmenden empfunden, wenn der Personalentwickler die oben aufgeführten Tools und Gadgets abwechslungsreich einsetzt und beherrscht.

## 3.5   Bewertung digitaler Teamentwicklung

**Chancen digitaler Teamentwicklung**
Teamentwicklungen remote durchzuführen, bietet organisatorische und inhaltliche Chancen. Teilnehmende können flexibel, kosten- und zeiteffizient an Workshops teilnehmen. Zeiten und Kosten für An- und Rückreise an den Veranstaltungsort entfallen, was auch für die Aufwände bei der Buchung von Räumlichkeiten und Hotels gilt. Die gewonnene räumliche und zeitliche Flexibilität macht es leichter möglich,

das Team auch im Vorfeld zusammen zu bringen. So kann das Team stärker in die Auftragsklärung und die Themenfindung eingebunden werden. Dadurch können Zielsetzung und Inhalte der Teamentwicklung noch besser mit den Bedarfen des Teams in Übereinstimmung gebracht werden.

Die Arbeit wird zunehmend virtueller und die Teammitglieder werden mehr und mehr von verschiedenen Orten aus zusammenarbeiten. Digitale Techniken ermöglichen Austausch und Kooperation. Die Arbeitswelt wandelt sich in eine hybride, in der remote und in Präsenz gearbeitet wird. Daher ist es sinnvoll, auch Teamentwicklungsprozesse hybrid zu gestalten und zu überlegen, welche Schritte in der Teamentwicklung remote zu gestalten sind und welche in Präsenz. Die Herausforderung vieler Teams wird darin bestehen, diese veränderten Rahmenbedingungen der Arbeit für sich zu adaptieren und sich als verteiltes Team aufzustellen. Ein Remote-Teamworkshop kann das Team vielleicht besser darauf vorbereiten als eine Teamentwicklung, die ausschließlich auf Präsenz setzt.

**Restriktionen digitaler Teamentwicklung**
Die ausschnitthafte Wahrnehmung und das begrenzte Einbringen der eigenen Person sowie das eingeschränkte Erleben der anderen sind nachteilige Umstände. Diese verstärken sich insbesondere bei kritischen und kontrovers diskutierten Themen, zumal wenn diese von einem Team bearbeitet werden, das kein gutes Vertrauensverhältnis untereinander hat. Wenn eine Krise, Konflikte oder ein gestörtes Vertrauensverhältnis im Team Anlass für die Teamentwicklung ist, sollten einige Schritte im Prozess in Präsenz stattfinden. Hier sind das persönliche Treffen, die ganzheitliche Wahrnehmung und das mehrschichtige Erleben besonders wichtige Voraussetzungen für einen erfolgreichen Prozess.

**Möglichkeiten für digitale Teamentwicklung nach Corona**
Digitale Methoden bereichern die Möglichkeiten, Teamentwicklungsprozesse zu gestalten. Teams können ortsunabhängig und kostengünstig zusammengebracht werden. Auch wenn Teammitglieder an verschiedenen Orten arbeiten, können sie aktiv bereits während der Vorbereitung eingebunden werden. In der frühzeitigen Beteiligung des Teams liegt eine große Chance, Teamworkshops bedarfsgerechter zu konzipieren. Ohne digitale Methoden ist es sehr aufwendig, alle Teammitglieder mit dem externen Moderator in einen Raum zu bringen. Dieser Aufwand reduziert sich in Zukunft deutlich.

Da auch nach der Pandemie zunehmend mehr Menschen im Homeoffice arbeiten werden, werden auch Zusammenkünfte und Gespräche in einer Teamentwicklung weiterhin virtuell stattfinden. Virtuelle Teamentwicklung bildet die zukünftige Arbeitswelt mit ihren Herausforderungen besser ab. Vermutlich können Ideen, die in einem virtuellen Setting erarbeitet werden, auch nachhaltiger in einer virtuellen Arbeitswelt umgesetzt werden. Wenn sich eine Gruppe vornimmt, sich in ihren digitalen Teamrunden mehr Feedback zu geben, ist der Vorsatz wahrscheinlich nachhaltiger in einem virtuellen Setting zu trainieren als in einem Seminarraum.

Die Remote-Teamentwicklung ist weniger eine kurzfristige Reaktion auf die Folgen der Pandemie, sondern vielmehr ein weiterer methodischer Ansatz, Teams in ihrer Entwicklung zu fördern. Personalentwickler und Moderatoren sollten daher ihre Kompetenzen so erweitern, dass sie Teams remote, in Präsenz und auch hybrid in ihrer Entwicklung begleiten können.

## 3.6    Praxisbeispiel: Teamentwicklungsworkshop remote

Im Folgenden wird ein digitaler Teamentwicklungsworkshop näher beschrieben. Es handelt sich im Beispiel um einen Workshop mit einem Team von Führungskräften eines Bereiches. Anlass war der Wechsel in der Führung des Bereichs. Der neue Vorgesetzte wollte den Workshop als Auftakt mit dem Team nutzen.

**Ziele der Veranstaltung**
Der Auftrag wurde mit der neuen Führungskraft abgestimmt. Die daraus abgeleitete Agenda für den Workshop wurde vorab mit den anderen Teilnehmenden besprochen.

Ziel war es, das gegenseitige Kennenlernen im Team zu vertiefen. Die neue Führungskraft wollte ihr Verständnis von Führung vermitteln und ihre Erwartungen an das Team adressieren. Umgekehrt sollten auch die Mitarbeiter an die neue Führungskraft formulieren, was sie von ihr erwarten. Dies sollte in einer konstruktiven Atmosphäre erfolgen, in der Erwartungen auch diskutiert und in Frage gestellt werden können. Am Ende sollten verbindliche Erwartungen aneinander die Leitplanken für die gemeinsame Arbeit sein. Neben der Erwartungsklärung und dem Kennenlernen wünscht sich der Auftraggeber, zu einem relevanten Thema gemeinsam ins Arbeiten zu kommen.

**Rahmen**
Der Workshop fand an zwei Tagen remote statt. Insgesamt nahmen 12 Personen teil. Der Workshop wurde durch ein Moderatorentandem aus einem Personalentwickler und einer externen Beraterin geleitet. Der Personalentwickler war vor allem mit eingebunden, um die Umsetzung der verabredeten Ergebnisse auch nach dem Workshop begleiten zu können.

Die Arbeitszeiten starteten an beiden Tagen jeweils am Vormittag um 09:00 Uhr und endeten um 12:00 Uhr. Am Nachmittag ging es von 13:30 bis 17:00 Uhr weiter. Verabredet wurde mit den Teilnehmenden bereits vor dem Workshop, dass während dieser Zeiten das Handy nicht genutzt wird und jeder von einem ungestörten Ort aus und mit Kamera teilnimmt.

Vorab haben die Teilnehmer einen Satz an Karten zugeschickt bekommen, die sie während des Workshops nutzen konnten (zum Beispiel eine Karte mit einem Symbol „Daumen hoch" für Zustimmung). Außerdem hat die Führungskraft eine Snack-Box zusammengestellt und den Teammitgliedern vorab überreicht. So konnten alle gemeinsam nach Abschluss des ersten Tages gemeinsam den Abend verbringen und die Snacks kosten.

**Detaillierter Ablaufplan 1. Tag**
Die Teilnehmenden bewerteten den Tag sehr positiv (Tab. 3.2). Sie fühlten sich aktiv eingebunden und schätzten die methodische Abwechslung. Sie haben ein für sich relevantes Thema identifiziert, dessen Bearbeitung am zweiten Tag im Mittelpunkt stand.

**Tab. 3.2** Auszug eines Regieplans eines Teamentwicklungsworkshops

| Zeit | Inhalt / Aktion | Medium |
|------|----------------|--------|
| 08:45 (15´) | **Ankommen und Technik Check** Informeller Austausch und Ausprobieren von Kamera und Mikrofon | Videokonferenztool |
| 09:00 (10´) | **Begrüßung und Einstieg** Moderator und Führungskraft: Ziele und Ablauf des Workshops. Moderator: Vorstellung der Netikette: • Kamera und Mikros an • Wortbeiträge: Einfach reinsprechen, nur falls zu unübersichtlich wird mit Handzeichen gearbeitet • Benachrichtigungen am Rechner ausschalten, Outlook zumachen und Handys außer Sichtweite legen | Charts mit Zielen, Agenda und Netikette |
| 09:10 (20´) | **Check-In mit Highlander-Übung** Moderator: *„Schafft Ihr es, dass wir eine Runde im Stuhlkreis drehen, in der jede/r von uns eine Aussage über sich selbst trifft, die auf niemanden sonst in der Runde zutrifft? ‚Ich bin die / der Einzige in unserer Runde, die / der…' - Wenn die Aussage zutrifft, haltet ‚Daumen hoch' ins Bild, wenn nicht, ‚Daumen runter'."* Jeder TN kommt dran. Die Reihenfolge wird durch einen virtuellen Stuhlkreis festgelegt. | Chart mit Instruktion Chart mit virtuellem Stuhlkreis |
| 09:30 (40´) | **Kennenlernen auf Basis eines Persönlichkeitsfragebogen** Moderator: Vorstellung des Fragebogens. TN: Ausfüllen und Auswerten des Bogens. | Einzelarbeit ohne Mikro und Kamera Charts zum Modell mit Fragebogeninstruktion und zur Auswertung |

(Fortsetzung)

**Tab. 3.2**   (Fortsetzung)

| Zeit | Inhalt / Aktion | Medium |
|------|-----------------|--------|
| 10:10 (20´) | **Kennenlernen im Austausch** Zunächst Austausch der TN über ihre Auswertung und gegenseitiges Feedback dazu geben. | Räume in Videokonferenztool für 2er-Paare oder Spaziergang und Kommunikation per Handy |
| 10:30 (10´) | **Pause** | Mikros und Kamera aus |
| 10:40 (45´) | **Kennenlernen im Pitch** TN bereiten eine kurze dreiminütige Selbstvorstellung (Pitch) vor: *„Was bringe ich für das Team mit und was brauche ich, um gut arbeiten zu können in Verbindung zum Modell?"* Stichworte werden auf Whiteboard festgehalten. Danach folgen die kurzen Präsentationen. Abfolge über den virtuellen Stuhlkreis. | Instruktion auf Chart oder Whiteboard Ergebnisse auf Whiteboard |
| 11:25 (35´) | **Kennenlernen mit Blick auf das Team-Profil** Erstellung eines Teamprofils aus den Einzelauswertungen; Teamprofil wird geteilt. Gemeinsame Betrachtung des Teamprofils durch die TN und Austausch zu folgenden Fragen: • *„Was brauchen wir als Management-Team, um gut arbeiten zu können?"* • *„Für welche Themen sind wir gut aufgestellt, für welche noch nicht?"* • *„Wie gut passen wir als Team zu unseren Mitarbeitern des Bereichs?"* | Teamprofil auf Whiteboard Chart mit Leitfragen Ergebnisse auf Whiteboard |
| 12:00 (90´) | **Mittagspause** | Offline |

(Fortsetzung)

**Tab. 3.2**  (Fortsetzung)

| Zeit | Inhalt / Aktion | Medium |
|------|-----------------|--------|
| 13:30 (20´) | **Führungsverständnis der neuen Führungskraft** Die Führungskraft stellt sich persönlich und ihr Führungsverständnis vor. Dazu erster Austausch mit den TN. | Charts zur Person und zum Führungsverständnis |
| 13:50 (30´) | **Erwartungsklärung – Vorbereitung** TN überlegen sich ihre Erwartungen an ihre Führungskraft. Die Führungskraft bereitet ihre Erwartungen an das Team vor. | Chart mit Instruktion Ergebnisse auf Whiteboard |
| 14:20 (20´) | **Erwartungsklärung – Vorstellung** TN stellen sich ihre Erwartungen aneinander vor. | Präsentation über Whiteboard |
| 14:40 (40´) | **Erwartungsklärung – Verabredungen** TN klären ihre gegenseitigen Erwartungen und treffen Verabredungen, wie sie diese erfüllen wollen: • *„Welche Erwartungen kann ich nachvollziehen und setze sie gerne um?"* • *„Wo sehe ich noch Schwierigkeiten oder weiß nicht, ob ich sie erfüllen kann?"* • *„Bei welchen Erwartungen benötige ich noch Unterstützung, bevor ich sie umsetzen kann?"* | Chart mit Instruktion Verabredungen auf Whiteboard |
| 15:20 (10´) | **Pause** | Mikros und Kamera aus |

(Fortsetzung)

**Tab. 3.2** (Fortsetzung)

| Zeit | Inhalt / Aktion | Medium |
|---|---|---|
| 15:30 (30´) | **Zukunftsthemen – erster Austausch** TN tauschen sich zu Leitfragen aus und entwickeln erste Vorstellungen zur zukünftigen Ausrichtung: • *„Welche Gedanken habe ich zu unserer Zukunft im Bereich?"* • *„Welche Themen werden uns zukünftig beschäftigen?"* • *„Welche Funktion / Rolle im Unternehmen werden wir einnehmen?"* • *„Wie können wir uns zukunftsfähig machen?"* | Walk and Talk zu dritt als Spaziergang und Kommunikation per Handy Alternativ im virtuellen Raum im Videokonferenztool nach dem Ansatz „Time to think": Jeder denkt 3 Minuten über die Fragen laut nach und Moderator hält wichtigste Stichworte fest |
| 16:00 (20´) | **Zukunftsthemen – erste Einschätzungen** TN geben ihre Einschätzungen zu zukunftsrelevanten Fragestellungen ab. Die Einschätzungen werden erläutert und diskutiert. | Fragen zur Einschätzung mittels Befragungstool |
| 16:20 (25´) | **Zukunftsthemen – Thema auswählen** TN wählen sich aus den vorangegangenen Schritten ein Thema, das am 2. Tag bearbeitet werden soll. | Thema auf Whiteboard festhalten |
| 16:45 (15´) | **Check-Out und Ausblick** Blitzlichtrunde zur Bewertung des ersten Tages und zu Wünschen an den nächsten Tag. Moderator: Ausblick auf den nächsten Tag. | Charts mit virtuellem Stuhlkreis und Fragen für den Check-Out |

# Führungskräfteentwicklung online

4

## 4.1 Bedeutung der Digitalisierung für Führungskräfteveranstaltungen

Viele Mitarbeiter und Führungskräfte arbeiten seit Ausbruch der Pandemie im Homeoffice. So gaben laut einer Studie des Fraunhofer Instituts in 2020

> *„annähernd 70 Prozent der Befragten [...] an, dass ihre Büroarbeitenden in der Corona-Phase annähernd komplett bzw. größtenteils im Home Office arbeiten, bei gut 21 Prozent wird das Modell einer 50:50-Aufteilung gewählt. [...] Bei knapp 54 Prozent der Befragten gab es vor der Corona-Krise keine oder wenige Mitarbeitende, die vom Home Office Gebrauch machen konnten, bei lediglich 15 bzw. 17 Prozent der Befragten waren es die meisten oder (fast) alle Mitarbeitenden"* (Hofmann & Piele, 2020).

Auch eine Studie, in der 750.000 Mitarbeiter aus 100 branchenübergreifenden Unternehmen befragt wurden, gibt an, dass lediglich 4 % der Befragten nach der Corona-Pandemie wieder Vollzeit im Büro arbeiten wollen (Wells, 2020).

Dies führte während der Corona-Pandemie dazu, dass Veranstaltungsformate, die bisher in Präsenz stattgefunden haben, neu überdacht werden mussten. Neben den klassischen Führungskräfteentwicklungsformaten wie Coachings, Trainings und Workshops scheinen gerade auch Austausch- und Tagungsformate in Zeiten des Führens von verteilten Teams (Homeoffice und Präsenz) an Relevanz zu gewinnen, um wieder vermehrt in die (soziale) Interaktion zu kommen und sich gemeinsam mit der Peergroup zu aktuellen Entwicklungen auszutauschen (Abb. 4.1).

Die Studienergebnisse des Fraunhofer Instituts zeigen auch, dass es wichtig sein kann, Führungskräfte Trainings und Austauschforen für die Thematik der

© Der/die Autor(en), exklusiv lizenziert durch Springer-Verlag GmbH, DE, ein Teil von Springer Nature 2022
J. Bregas et al., *Digitale Formate in der Personalentwicklung*, essentials,
https://doi.org/10.1007/978-3-662-64648-9_4

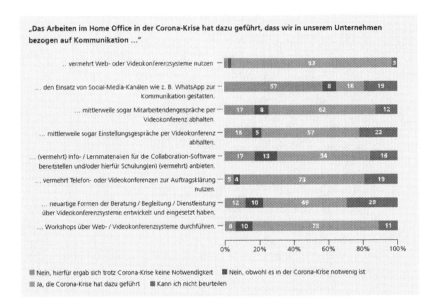

„Das Arbeiten im Home Office in der Corona-Krise hat dazu geführt, dass wir in unserem Unternehmen bezogen auf Kommunikation ...“

**Abb. 4.1** „Veränderungen in der internen und externen Zusammenarbeit“ (Hofmann & Piele, 2020)

Führung auf Distanz anzubieten. Diese sollten nicht nur Themen der Medien-bewältigung, sondern auch die generelle Reflektion der eigenen Führungsrolle beinhalten. (Hofmann & Piele, 2020).

Hierbei sollte neben inhaltlichen Aspekten der Erfahrungsaustausch im Fokus stehen, um miteinander und voneinander zu lernen und zu profitieren. Insbesondere zu den Trainings und Workshop-Formaten sind im Kapitel zum Thema Teamentwicklung weitere Hinweise und Impulse zu finden. Im Folgenden werden vor allem die Tagungsformate als Format der Führungskräfteentwicklung im Fokus stehen.

## 4.2  Führungskräfteentwicklung als besondere Form der Personalentwicklung

Als dritte Facette, die unter dem Fokus der Digitalisierung beleuchtet werden soll, wird zum Abschluss die Führungskräfteentwicklung als spezielle Form der Personalentwicklung vorgestellt.

Unter dem Begriff **Führungskräfteentwicklung** versteht man den *„Teilbereich der Personalentwicklung mit dem Ziel, den aktuellen und zukünftigen Bedarf an entsprechend qualifizierten Führungskräften abzudecken"* (Bartscher, 2018). Unterschiedliche Entwicklungsformate dienen hierbei zur Weiterentwicklung der Zielgruppe. Sie unterstützen dabei, die Führungskräfte in ihrer Führungs- und Selbstkompetenz sowie in Ihrer unternehmerischen Kompetenz zu befähigen und zu stärken. Während in der Einstiegphase neuer Führungskräfte noch viele Verhaltenstrainings für die neue Aufgabe erforderlich sind, steht bei Führungskräften, die ihre Tätigkeit schon länger ausüben, zunehmend das Führungs-Mindset sowie die Reflexion aktueller Herausforderungen des Umfeldes im Zentrum. Dies erfordert allerdings andere Formate der Personalentwicklung als klassische Trainings. Die Führungskräfteentwicklung kann unter anderem durch Impulse und Keynotes, durch Wissensvermittlung oder aber auch das Netzwerken und den (informellen) Austausch mit Peers erfolgen. Durch den Schwerpunkt auf diese Methoden der Personalentwicklung hebt sich die Führungskräfteentwicklung von anderen Zielgruppen ab, weshalb sie in diesem Abschnitt gesondert dargestellt wird.

Doch wie lassen sich die beschriebenen Formate remote übertragen? Die nachfolgende Übersicht (Tab. 4.1) stellt einige Formate mit Kommentaren zur inhaltlichen und technisch-methodischen Übertragbarkeit dar:

## 4.3  Digitalisierung eines Tagungsformats für Führungskräfte

Im Folgenden wird aufgezeigt, wie die Umstellung einer Führungskräftetagung in remote gelingen kann und wie man sicherstellt, dass neben den fachlichen Inhalten der Austausch und der Ausbau von wichtigen Netzwerken den nötigen Raum bekommen.

Zunächst ist es wichtig, das Ziel der Veranstaltung genau zu definieren. Was soll mit der Tagung erreicht werden? Handelt es sich beispielsweise um eine **Informationsveranstaltung** oder ist die Veranstaltung ein **partizipatives Format,** in dem neue Impulse im Teilnehmerkreis gemeinsam diskutiert und für das eigene Unternehmen oder den eigenen Bereich adaptiert werden sollen? Die

**Tab. 4.1** Bewertung der inhaltlichen und technisch-methodischen Übertragbarkeit von Formaten der Führungskräfteentwicklung in digitale Formate

| Format | Inhaltliche Übertragbarkeit | Technisch/methodische Übertragbarkeit | Kommentar |
|---|---|---|---|
| Großveranstaltungen, Tagungen | ☺ | 😐 | Großveranstaltungen lassen sich gut remote übertragen, gerade fachliche Inhalte bzw. Keynote sind sehr gut darstellbar. Ein Austausch der Teilnehmer ist möglich, unterliegt jedoch auch einiger Restriktionen. Insbesondere der informelle Austausch ist, im Vergleich zu einer Präsenzveranstaltungen, deutlich eingeschränkt. |
| Trainings(reihen) | ☺ | ☺ | Trainingseinheiten, in denen es hauptsächlich um Wissensvermittlung geht, lassen sich sehr gut remote übertragen. Auch Verhaltenstrainings sind übertragbar, erfordern lediglich eine methodische Anpassung, so dass Übungssequenzen auch in Kleingruppen ermöglicht werden können. Ein Austausch unter den Teilnehmern ist hierfür ein wichtiger Erfolgsfaktor (vgl. Kapitel Teamentwicklung). Verhaltenstrainings im Remote-Format berücksichtigen, dass auch Führen zunehmend virtualisiert erfolgt. |
| Workshops (Strategieworkshops, Teamworkshops) | ☺ | 😐 | Workshops lassen sich remote gut darstellen, sofern es sich um klassische Führungskräfte- und nicht beispielsweise um Konfliktlösungs-Workshops handelt. Hier besonders auf die methodische Umsetzung zu achten. Empfehlenswert ist die Nutzung von technischen und methodischen Tools, die die Teilnehmenden zum Mitwirken anregen, um eine konstruktive Dynamik herzustellen (vgl. Kapitel Teamentwicklung). Der informelle Austausch ist im direkten Vergleich zu einer Präsenzveranstaltungen eher eingeschränkt. |
| Kollegiale Beratung | ☺ | ☺ | Kollegiale Beratungen sind remote gut übertragbar. Auch hier ist die methodische und technische Umsetzung wesentlich, um einen Austausch zu ermöglichen und die Teilnehmer in einen gewinnbringenden Austausch zu bringen. |
| Coachings, Beratungen | ☺ | 😐 | Auch Coachings und Beratungen lassen sich gut darstellen. Insbesondere aber die non-verbalen Signale lassen sich schwerer erfassen. Bei der Auswahl der Interventionen ist darauf zu achten, ob diese auch in einem Remote-Format darstellbar sind. |

Beantwortung dieser Fragestellung gibt Aufschluss, welche Übertragungsmethode für die Tagungsveranstaltung die richtige Wahl ist. Es gibt diverse Optionen, Tagungsinhalte remote zu vermitteln. Die Auswahl der richtigen Methode kommt auf die Inhalte der Tagung, die Zielgruppe und die technischen Gegebenheiten an und richtet sich nach den Zielen der Veranstaltung. Die wichtigsten Tagungsformate zur Informationsvermittlung sind:

**Live-Stream**
Die Veranstaltung wird live oder mit kurzer Verzögerung an die Teilnehmer übertragen. Es besteht in der Regel nicht die Möglichkeit, von Seiten der Veranstalter die Inhalte des Streams zu bearbeiten, zu schönen oder gar zu zensieren, sobald diese ‚on Air' sind. Dieses Format eignet sich insbesondere für Themen, die unmittelbar und zügig an eine große Zielgruppe gerichtet werden sollen. Um den Teilnehmern trotz dieser auf den ersten Blick sehr einseitigen Kommunikation die Möglichkeit der Interaktion zu eröffnen, bietet der Live-Stream in der Regel die Option, schriftlich Fragen der Teilnehmer an die Präsentierenden zu richten. Dies kann unter Namensangabe des Fragenden oder anonym erfolgen und ggf. mit einer Vorselektion durch Mitarbeiter passieren, die im Hintergrund redaktionelle Arbeit verrichten und somit die Beiträge steuern. Das Live-Stream-Format bietet sich an, wenn es ausreichend ist, die Teilnehmer durch Frage- und Kommentarmöglichkeiten aktiv in das Geschehen einzubinden. Eine weitere Einbindungsmöglichkeit besteht darin, über ein zweites Medium virtuelle Workshopräume (in einem gängigen Videokonferenztool) einzurichten, um die Teilnehmer in einen vertieften Austausch gehen zu lassen und später die Ergebnisse im Live-Stream zu präsentieren. Trotz des starken Fokus auf das Senden bietet es sich beim Live-Stream an, die Inhalte dynamisch zu präsentieren, indem diese nicht ausschließlich als Frontalvortrag, sondern auch als Diskussionsrunde, Experteninterview o. ä. vorgetragen und – ähnlich wie Fernseh-Talkshows – durch Einspielungen aufgelockert werden. Wie im Fernsehen kann bzw. sollte ein Moderator für den roten Faden des Live-Streams sorgen. Man sollte darauf achten, die einzelnen Sequenzen des Live-Streams nicht zu lang zu machen, um die Zuschauer nicht zu ermüden. Das Aufsplitten der Themen in kleinere Abschnitte bietet sich daher an. Handelt es sich um einen wirklichen Live-Stream (und nicht beispielsweise um einen Rebroadcast, s. u.), sollten auch regelmäßig Pausen eingeplant werden. Ausführlichere Empfehlungen sind im Folgenden unten „Erfolgsfaktoren" zu finden.

**Rebroadcast**

Beim Rebroadcasting, zu Deutsch Wiederholungssendung, wird die Veranstaltung im Vorfeld aufgezeichnet. Die Inhalte und Themen sowie die Gestaltung der Veranstaltung werden wie beim Live-Stream aufbereitet und nur zu einem späteren Zeitpunkt allen Teilnehmern zeitgleich präsentiert. Beim Rebroadcasting besteht im Gegensatz zum Live-Stream die Möglichkeit, das Material im Nachgang zu schneiden und anzupassen. So besteht die Möglichkeit, inhaltlich unerwünschte Teile herauszunehmen oder zu kürzen. Aber auch wenn das Material zu einem späteren Zeitpunkt gesendet werden kann, sollte der Live-Stream-Charakter hierbei weitestgehend erhalten bleiben. Zwischenfragen und Anmerkungen durch die Teilnehmer sind in diesem Format selbstverständlich nicht möglich, sodass die Inhalte ausschließlich rezeptive aufgenommen werden können. Der Rebroadcast stellt eine Zwischenstufe zwischen Live-Stream und einer klassischen Aufzeichnung dar und bietet insbesondere bei den Gelegenheiten an, bei denen relevante Inhalte zur gleichen Zeit an eine große Zielgruppe verkündet werden sollen.

**Aufzeichnung**

Aufzeichnungen wie sie hier definiert sind, heben sich von Rebroadcasts darin ab, dass sie ‚on demand' abgerufen werden können und nicht an einen fixen Sendezeitpunkt gekoppelt sind. Somit eignet sich dieses Format insbesondere für die Wissensvermittlung von zeitlich überdauernden, allgemeinen Inhalten zur Führungskräfteentwicklung. Sich Wissen auf diese kognitive Art anzueignen, kann Führungskräften im Allgemeinen zugemutet werden, auch wenn es nicht die einzige Form der Führungskräfteentwicklung bleiben sollte. Bei Aufzeichnungen können die Zuschauer die Inhalte zu einem selbstbestimmten Zeitpunkt abspielen und ggf. auch wiederholt anschauen. Auch hier besteht, wie beim Rebroadcast, keine Möglichkeiten der Interaktion der Zuschauenden. Der Fokus liegt auf dem Konsumieren der Inhalte. Ein klarer Vorteil ist die zeitliche Unabhängigkeit und die Möglichkeit, sich die Inhalte mehrfach (oder umgekehrt: einzelne Ausschnitte auch nur selektiv) anzuschauen.

**Hybride Tagung**

An hybriden Tagungen nehmen Teilnehmer sowohl in Präsenz als auch per Videoübertragung teil.

*„Die gängigste Form davon sind Tagungen, die an einem Standort mit (lokalen) Teilnehmer durchgeführt werden und in Echtzeit per Videoübertragung online verfolgt werden können. Für diese Form von Veranstaltung sprechen die relative Ähnlichkeit*

*zu regulären Tagungen einerseits und der klima- und kostenfreundliche Verzicht auf Fernreisen, da inter-/nationale Gäste online teilnehmen können"* (Marburg, 2021).

Hybride Veranstaltungen stellen ein besonderes Maß an Anforderungen an die Durchführenden, da es gilt sowohl den Zuschauenden vor Ort als auch den per Videoübertragung dazugeschalteten ein annähernd gleiches, in jedem Fall aber anregendes Erlebnis zu verschaffen. Andererseits vermag es dieses hybride Format aber auch, das Beste aus beiden Welten zusammenzuführen und damit die Möglichkeiten von Präsenz- und Remote-Veranstaltungen voll auszuschöpfen. Bei der Entscheidung für eine hybride Veranstaltung sind jedoch auch finanzielle Aspekte zu berücksichtigen. Remote durchgeführte Veranstaltung führen durch die technischen Voraussetzungen zu einem kostenintensiven Aufwand, die durch einen zusätzlichen Präsenzpart noch in die Höhe getrieben wird. Eine hybride Tagung empfiehlt sich daher eher für eine sehr große Zielgruppe in dezentral strukturierten Unternehmen.

**Virtueller Campus mit 3-D Technik und Avataren**
Angelehnt an virtuelle Messekonzepte (Terpitz, 2020) können auch Führungskräftetagungen in einem Online-Campus übertragen werden. Die Teilnehmer können sich hier mit einem Avatar auf einem Tagungs-Campus bewegen, an Vorträgen und Diskussionsrunden teilnehmen, sich zu Wort melden und Fragen stellen. Es besteht die Möglichkeit, sowohl einen standardisierten Campus als auch einen individuell gestalteten Tagungsraum zu kreieren. Besteht schon bei allen bisher aufgezählten Formaten eine hohe Technikabhängigkeit, die für die meisten Unternehmen nur durch externe Unterstützung spezialisierter (Film-)Firmen gemeistert werden kann, ist ein virtueller Campus kaum in kurzer Zeit oder für eine einmalige Durchführung realisierbar, zumindest wenn dieser Campus angemessen an die Bedürfnisse, die Optik etc. des auftraggebenden Unternehmens angepasst sein soll. Hat ein Unternehmen allerdings Erfahrungen mit Remote-Formaten wie Live-Streams oder Rebroadcasts gesammelt, könnte ein virtueller Campus eine nächste Ausbaustufe sein, die zudem auch über die Corona-Pandemie hinaus Bestand haben kann.

## 4.4 Erfolgsfaktoren digitaler Führungskräfteveranstaltungen

In diesem Abschnitt wird exemplarisch den Erfolgsfaktoren von digitalen Veranstaltungen mit partizipativen Elementen im Stream nachgegangen. Eine Übertragbarkeit auf die anderen Formate ist größtenteils gegeben.

**Technik**

Die Stabilität der Technik, beziehungsweise die Qualität und Professionalität der Aufnahme, sind wesentliche Erfolgsfaktoren für die Veranstaltung. Sollte beispielsweise mit einem Live-Stream gearbeitet werden, ist wie bei einer professionellen Fernsehaufnahme auf eine hochwertige Tonqualität, sehr gute Beleuchtung und abwechslungsreiche Kamerapositionen zu achten. Bei der Konzeption der Veranstaltung wird empfohlen, sich intensiv mit den technischen Gegebenheiten auseinanderzusetzen bzw. entsprechende professionelle Unterstützung hinzuzuziehen. So könnte es beim Live-Stream möglicherweise folgende technische Fallstricke geben: Auswahl des Streaming Portals, die Bandbreite des Internets, mit dem der Live-Stream übertragen werden soll, Restriktionen der Übertragungslocation oder mögliche Firewalls bei den Empfangenden. Zusätzlich lohnt es sich im Vorfeld (z. B. einen Tag vorher) einen kurzen Technikcheck nicht nur für die vor Ort Beteiligten, sondern auch für die Teilnehmer anzubieten, in dem geprüft werden kann, ob der Live-Stream und/oder der Zugang zu den Workshop-Räumen für alle möglich ist. So können Überraschungen am Veranstaltungstag vermieden werden. Darüber hinaus kann es hilfreich sein, eine Hotline einzurichten, an die sich die Teilnehmer während der Veranstaltung wenden können, wenn es zu technischen Schwierigkeiten kommt. In der Regel können die technischen Anforderungen kaum mit den üblichen, in der Personalentwicklung vorhandenen ‚Bordmitteln' erfüllt werden, sondern erfordern professionelle externe Unterstützung.

**Archivierung**

Es empfiehlt sich, bei Live-Formaten die Inhalte der fachlichen Vorträge und Diskussionen aufzuzeichnen und später ‚on demand' (siehe Aufzeichnung) zur Verfügung zu stellen. So wird sichergestellt, dass auch Teilnehmer, bei denen die Internetanbindung nicht stabil ist, Inhalte erneut abrufen können.

**Rechtliches**

Im Vorfeld sollte dringend geklärt werden, welche Datenschutz- und urheberrechtlichen Einschränkungen es gibt: Sollten bezogen auf das Urheberrecht die Vorträge der Protagonisten später online verfügbar gemacht werden, ist dies nicht ohne entsprechende Einwilligung des Urhebers möglich. Diese gilt nicht nur für interne Zwecke, sondern insbesondere auch für die Veröffentlichung von aufgezeichneten Vorträgen auf Video-on-Demand-Plattformen. Auch hier ist eine Einwilligung der Vortragenden einzuholen. Sollten auch Wortmeldungen und Fragen von Teilnehmern mit Bild und Ton aufgezeichnet werden, sind auch hier die Persönlichkeitsrechte zu berücksichtigen. (Marburg, 2021). Wird ein Webkonferenzdienst verwendet, ist zu berücksichtigen, dass die (Kontakt-)Daten der

Vortragenden und Teilnehmenden geschützt sind. Kommerzielle Anbieter für Video-konferenztools sollten bei der Auswahl kritisch unter die Lupe genommen werden. In beiden Fällen ist es ratsam, sich von Experten im Vorfeld beraten zu lassen, um die jeweils geltenden Bestimmungen zu berücksichtigen und unnötige Risiken zu vermeiden.

**Pausen und Dauer**

Die Teilnahme an einer remote durchgeführten Veranstaltung erfordert eine andere Aufmerksamkeit als in Präsenz. Es ist daher ratsam, häufiger kurze Pausen einzu-planen. Als Daumenregel kann man sagen, dass man nach ungefähr einer Stunde eine kurze Bildschirmpause einplanen sollte. Bei der Länge der Pausen sollte den Teilnehmern die Möglichkeit gegeben werden, sich zu regenerieren und aufzutan-ken, d. h. Pausen von mindestens zehn Minuten einzuplanen. Ein besonderer Tipp für die Durchführung von Remote-Veranstaltungen wäre es, die Arbeitsphasen zum Beispiel mit der Aufforderung zu einem Spaziergang zu verbinden. Bei Veranstal-tungen, die länger als drei Stunden gehen, sollte dann eine längere Bildschirmpause von mindestens einer Stunde eingeplant werden.

Ein weiterer Tipp bzw. besondere Idee betrifft das „Catering", das die Teil-nehmer von Präsenzveranstaltungen üblicherweise bekommen würden. So gewinnt eine remote durchgeführte Veranstaltung an besonderer Qualität, wenn den Teil-nehmern im Vorfeld zu den Veranstaltungen Snacks/Lunchboxes zugeschickt und in gemeinsamen Pausen verzehrt werden.

**Tagungsunterlagen**

Um die Augen zu entlasten, kann die reine Bildschirmarbeit durch ein haptisches Medium unterbrochen werden und für Abwechslung sorgen, indem Tagungsunter-lagen im Vorfeld bei entsprechendem Planungsvorlauf per Post zugeschickt werden. Auch der oben angesprochene Tagungssnack kann in dieser Post seinen Platz fin-den. Achten Sie bei den zu verschickenden Tagungsunterlagen darauf, dass diese den Teilnehmern Orientierung geben, aber nicht die Teilnahme als solches ersetzen. Bei der Versendung der Unterlagen/Vorbereitungspakete ist weiterhin wichtig darauf zu achten, wie diese distribuiert werden. Kommen alle regelmäßig ins Büro, können die Unterlagen dorthin versendet werden. Gibt es Teilnehmer, die nicht regelmäßig ins Büro kommen, ist zu klären, wohin die Unterlagen zu versenden sind. Wichtig ist in beiden Fällen, dass die Zeitplanung so gestaltet ist, dass die Unterlagen die Teilnehmer rechtzeitig erreichen, wobei wesentlicher zeitlicher Faktor häufig die eigene Hauspost ist.

**Moderation, Impulse und Keynotes**

Um die Aufmerksamkeit der Teilnehmenden möglichst lange zu halten, sollte die Veranstaltung abwechslungsreich gestaltet sein und wenn möglich die Teilnehmer mit einbezogen werden. Dies gelingt, indem die Redebeiträge und Keynotes möglichst auf das Wesentliche konzentriert werden oder in Form eines Interviews präsentiert werden. Redebeiträge in Form von monologischen Frontalpräsentationen sollten idealerweise nicht länger als 10 bis 15 min sein. Unterschiedliche Kameraperspektiven und die Möglichkeit schriftlich Fragen live an die Redner zu richten, bringen zusätzliche Dynamik. Für die Rahmung der Veranstaltung und für die Interviewsequenzen ist es nicht übertrieben, sich um einen Moderator zu bemühen, der sich mit den Herausforderungen eines „Kamera-Publikums" auskennt und Kameraerfahrung hat.

**Regieplan und Proben**

Bei Live-Stream Formaten ist ein Regieplan und eine Probe (z. B. der Auf- und Abgänge auf die Bühne) ein wesentlicher Erfolgsfaktor. Der Regieplan gibt allen Beteiligten wie den Technikern, der Moderation, den Gästen auf der Bühne und der Regie im Hintergrund eine Orientierung, was zu welchem Zeitpunkt auf der Bühne passieren wird. Er gibt unter anderem an, wann welche Vorträge und Charts eingeblendet werden oder wann welcher Namen eines Gastes im Stream angezeigt werden soll. Die zeitliche Investition in die Erstellung eines Regieplans zahlt sich bei der Durchführung der Veranstaltung in jedem Fall aus und gibt der Veranstaltung den gewünschten professionellen Anstrich. Sollten Gäste im Live-Stream sein, die noch keine Erfahrung mit Aufzeichnungen per Kamera haben, sollte auch dies berücksichtigt, besprochen und geprobt werden.

**Einbindung**

In Präsenzveranstaltungen stehen neben der inhaltlichen Agenda in der Regel auch der Austausch und das Netzwerken mit Peers im Fokus. Dies sollte auch bei digitalen Tagungen berücksichtigt werden. Neben dem Live-Stream, in dem die Teilnehmer mithilfe von Live-Feedback-Tools (z. B. Chat im Stream oder virtuellen Abfragetool) partizipieren können, können auch zusätzliche Plattformen die Veranstaltung ergänzen. In Videokonferenzplattformen der gängigen Anbieter und mithilfe von Collaboration-Tools können virtuelle Räume eingerichtet werden, in denen die Teilnehmer in den Austausch kommen oder gemeinsam Inhalte erarbeiten. Sollte mit mehreren Medien gearbeitet werden, sind Übergangszeiten für die Wechsel einzuplanen. Einblendungen im Live-Stream z. B. zu Pausenzeiten und –dauer oder zu

Arbeitseinheiten in Workshop-Räumen können den Teilnehmern zusätzliche Orientierung geben, wann es wo weitergeht und verhindern, dass Teilnehmer verloren gehen.

## 4.5  Rolle des Personalentwicklers

Die Aufgabe der Personalentwicklung besteht darin, die Tagung inhaltlich, konzeptionell und organisatorisch zu steuern. Zwar müssen die Personalentwickler die technischen Besonderheiten nicht vollumfänglich beherrschen, sondern können diese Kompetenz an Experten outsourcen. Allerdings ist auch hier Steuerung und Abstimmung im Gesamtkontext der Veranstaltungsplanung erforderlich und stellt i. d. R. aufgrund der hohen Techniklastigkeit eine vollkommen neue Materie dar. Neben der Zieldefinition sind die Auswahl des Formates, der Inhalte, die Didaktik, und die Sicherstellung der beschriebenen Erfolgsfaktoren Teil des Verantwortungsbereichs, an dem der organisierende Personalentwickler am Ende gemessen wird. Während der Veranstaltung bietet sich eine Rolle in der Regie an, um die reibungslosen Abläufe sicherzustellen. Von einer aktiven Rolle auf der Bühne wird dagegen eher abgeraten, da die Koordination hinter der Bühne zeitlich und koordinativ anspruchsvoll ist und somit Fokus stehen sollte.

## 4.6  Bewertung von digitalen Formaten der Führungskräfteentwicklung

**Chancen der digitalen Führungskräfteentwicklung**

Die Corona Pandemie hat den Weg für ein neues Arbeiten geebnet. Insbesondere dezentral aufgestellte Unternehmen profitieren von den digitalen und hybriden Arbeitsmodellen. Der Unternehmensstandort spielt eine untergeordnete Rolle und die Möglichkeit überregional zusammenzuarbeiten hat sich in vielen Unternehmen verbessert. Remote-Tagungen ermöglichen Teilnehmern ortsunabhängig, kosten- und zeiteffizient an Tagungen teilzunehmen. Selbst kürzere Tagungen oder Veranstaltungen zu spezifischen Einzelthemen lassen sich effizient remote durchführen, ohne Führungskräfte längere Zeit aus dem Arbeitsalltag herauszureißen. Es ist ein möglicher Weg, unterschiedlichste Zielgruppen unkompliziert zusammen zu bringen und Austausch untereinander zu fördern. Insbesondere für die Geschäftsführung stellen digitale Formate der Führungskräfteansprache eine Möglichkeit dar, häufiger und dichter mit den Führungskräften zu kommunizieren und Themen in die Fläche zu tragen. Je nach Auswahl der Übertragungsmethode können die Veranstaltungen auch in kürzeren Intervallen stattfinden. Durch prägnante, aufs Wesentliche reduzierte Redebeiträge, kurze Pausenintervalle und schnelle Medienwechsel kann die Tagungszeit effizient genutzt werden.

**Restriktionen digitaler Tagungen**
Teilnehmer von Tagungen und Kongressen messen den Mehrwert einer Veranstaltung nicht nur am Wissensgewinn, sondern auch am Potenzial zur Erweiterung und Vertiefung des persönlichen Netzwerkes, anregenden Keynotes und sogar am Rahmenprogramm und Catering. Die Bewertung der Veranstaltung erfolgt nicht, wie zu erwarten wäre, anhand der Inhalte und rationaler Faktoren, sondern letztendlich des persönlichen Bauchgefühls (Schreiber, 2013). Die Möglichkeiten für ein Rahmenprogramm und für Catering zu sorgen, ist auch bei intensiver Vorbereitung in digitalen Formaten nur eingeschränkt möglich. Es gilt, kreative Lösungen zu finden und den gefühlten Verlust möglichst gut auszugleichen. Dies kann zum Beispiel mit den erwähnten postalisch versendeten Snackboxen oder mit informellen Überraschungsevents erfolgen. Teilnehmer in einen informellen Austausch zu bringen, ist in Remote-Veranstaltungen grundsätzlich möglich, jedoch nicht mit einem persönlichen Austausch in Präsenz vergleichbar. Bei digitalen Veranstaltungen besteht immer die Gefahr, dass die Teilnehmer sich parallel mit anderen Dingen beschäftigen und somit nicht voll konzentriert dabei sind. Dies kann dazu führen, dass sie bei partizipativen Teilen nicht mitmachen, weil sie Teile der Veranstaltungen nicht mit verfolgt haben oder weil das digitale Format es ihnen ermöglicht, sich unauffällig im Hintergrund zu halten. Weiterhin kommt eine starke Abhängigkeit von der Technik hinzu. Kommt es hier zu (Teil-)Ausfällen, kann dies eine gesamte Veranstaltung gefährden je nachdem, ob der Ausfall beim Sender oder beim Rezipienten auftritt. Bewertet man die technische Komponente als eine der wesentlichen Erfolgsfaktoren, hat dies Einfluss auf das Gesamtbudget der Veranstaltung. Hierbei kann man mit einem annähernd ähnlichen Budget kalkulieren, wie bei einer Präsenzveranstaltung.

## 4.7   Praxisbeispiel: Führungskräftetagung

Bei dem nachfolgenden Beispiel handelt es sich um eine Führungskräftetagung eines mittelständischen, überwiegend national tätigen Unternehmens, das sich vor allem durch seine dezentrale Struktur auszeichnet.

**Ziele der Veranstaltung**

Die Veranstaltung hat im ersten Jahr der Corona-Pandemie stattgefunden und hatte zum Ziel, den Austausch zum Umgang mit den neuen Gegebenheiten unter Führungskräften zu fördern. Hierbei stand nicht nur der Austausch mit Peers im Vordergrund, sondern auch der Blick nach außen. Dementsprechend wurden sowohl externe Experten eingeladen, als auch ‚best practices' diskutiert. Im Fokus standen die Pros und Contras vom Führen und Arbeiten in verteilten Teams und insbesondere auch die Erfolgsfaktoren der virtuellen Zusammenarbeit. Aus Personalentwicklungssicht sollte die Tagung vor allem die Führungskompetenz, die Selbstkompetenz und die unternehmerische Kompetenz stärken. Überregionale Netzwerke sollten darüber hinaus ausgebaut und unterstützt werden.

**Rahmen**

Die Veranstaltung war für Führungskräfte im Rahmen der Führungskräfteentwicklung fakultativ, an der insgesamt rund 100 Führungskräfte teilnahmen. Die Mitschnitte der Veranstaltung wurden im Nachgang auch allen anderen Führungskräften zugänglich gemacht.

**Grobkonzept „Führungskräftetagung ‚Führen von verteilten Teams'"**

Die Veranstaltung war als Tagesveranstaltung geplant, wobei es sich bei Remote-Veranstaltungen eher um Dreiviertel-Tage handelt, die zudem mit entsprechenden Pausen durchsetzt sind. Der Großteil der Veranstaltung fand im Stream statt, es fanden aber auch Workshop-Sessions in einem Videokonferenztool statt. Wie bei Präsenzveranstaltungen üblich, wurden auch in diesem Remote-Format den Teilnehmer Auswahlmöglichkeiten zwischen verschiedenen Workshops (sogenannte Breakouts) angeboten. Neben einem professionellen, fernseherfahrenen Moderator, der durch die Veranstaltung leitete, wurden Inputs durch externe Experten eingeplant, um eine inhaltliche Vielfalt und Bandbreite darzustellen. Die folgende Darstellung zeigt den groben Ablauf der Veranstaltung (Abb. 4.2):

**Detaillierter Ablaufplan**

Im detaillierteren Ablaufplan befinden sich alle relevanten Informationen für Moderator/in, Techniker, die Regie und die internen und externen Gäste. Dieser Plan gibt Aufschluss, welches Medium verwendet wird, wie Auf- und Abgänge auf der Bühne geregelt sind, welche wesentlichen Inhalte transportiert werden. Zur Orientierung für die Teilnehmer kann zu Beginn und während der Veranstaltung die Veröffentlichung des Grobkonzeptes (siehe oben) hilfreich sein.

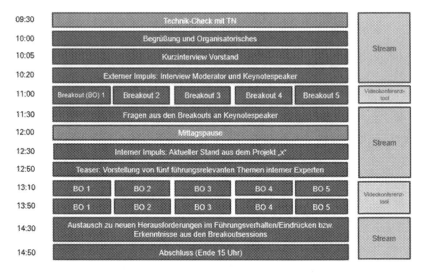

**Abb. 4.2** Grobkonzept einer Führungskräftetagung

**Auszug aus dem Regieplan**
Im Vergleich zum Grobkonzept gibt der Regieplan einen detaillierten Überblick über den konkreten Ablauf der Veranstaltung (Tab. 4.2). Er ist Handlungsgrundlage für zum Beispiel Techniker, Protagonisten auf der Bühne und für die Verantwortungsträger aus dem Personalbereich. Er sollte außerhalb dieses Kreises nicht kommuniziert werden. Für Teilnehmende und für Briefings im Vorfeld stellt das Grobkonzept das ideale Hilfsmittel dar (Abb. 4.2).

**Tab. 4.2**  Auszug eines Regieplans einer Führungskräftetagung

| Zeit | Inhalt / Aktion | Medium |
|---|---|---|
| 09:15 (45") | **Technik-Check** *Beteiligte:* Alle, die vor der Kamera auftreten | STREAM |
| 09:30 (30") | **Öffnung des Streams** Wartebildschirm einblenden | STREAM |
| 10:00 (05") | **Begrüßung** Organisatorische Hinweise durch Moderator: • Arbeit im Stream und in Videokonferenztool • Startzeiten werden eingehalten • Bei technischen Schwierigkeiten bitte an eingeblendete Nummer wenden | STREAM Chart „Ablauf" Chart „Notfallnummer" |
| 10:05 (15") | **Kurzinterview** Vorstandsinterview durch Moderator | STREAM |
| 10:20 (30") | **Externer Impuls: Interview** Einspieler zeigen – Vorstellung des Interviewpartners Interviewpartner kommt auf die Bühne und setzt sich Interviewpartner bleibt bis zum Ende sitzen | STREAM Einspieler zum Experten Chart „Einteilung der TN" |
| 10:50 (10") | **Übergangszeit** für den Wechsel in Videokonferenztool *Separater Ablaufplan für PE/OE-Moderatoren beachten* PE/OE Moderatoren sind bereits in Ihren virtuellen Räumen *Beteiligte:* Alle Teilnehmer der Tagung plus 5 interne PE/OE-Moderatoren | STREAM Chart „TN-Verteilung" und „Rückkehrzeit" |
| 11:00 (20") | **Breakoutsession** *Separater Ablaufplan für PE/OE-Moderatoren beachten* *Beteiligte:* Alle Teilnehmer der Tagung plus 5 interne PE/OE-Moderatoren | Videokonferenztool STREAM Chart „TN-Verteilung" und „Rückkehrzeit", Musik |

(Fortsetzung)

**Tab. 4.2** (Fortsetzung)

| Zeit | Inhalt / Aktion | Medium |
|------|-----------------|--------|
| 11:20<br>(10") | **Übergangszeit** für den Wechsel zurück in den Stream<br>In den Breakoutsessions gesammelte Fragen werden per Mail geschickt<br>Fragen auf Karten für Moderator/in | STREAM<br>Rückkehrzeit einblenden<br>Karten und Stifte bereitlegen |
| ... | ... | ... |

# Zusammenfassung

# 5

Unternehmen haben sich unterschiedlich auf die veränderten Gegebenheiten, die durch die Corona-Pandemie geschaffen wurden, eingestellt und vermutlich auch unterschiedliche Schwerpunkte gesetzt. Die hier vorgestellten PE-Themen sind bewusst so gewählt, dass sie unterschiedliche Fragestellungen und Ziele bedienen und nicht direkt vergleichbar sind. Trotzdem lassen sich Gemeinsamkeiten und Unterschiede in der Umstellung auf digitale Formate abschließend zusammentragen.

Wesentlich für die hier vorgestellten Themen Eignungsdiagnostik, Teamentwicklung und Führungskräfteentwicklung ist der Grad der technischen Unterstützung, der mit den Remote-Formaten einhergeht. Bestanden schon vor der Pandemie Möglichkeiten mit Collaboration- und Video-Tools virtuell zusammenzuarbeiten, ließ sich hierauf aufbauen und vieles mit einfachen Hilfsmitteln selbst umsetzen. Als Ausnahme ist hier die Führungskräfteentwicklung zu nennen, die zumindest bei den hier vorgestellten Großgruppenformaten technische Kompetenzen erfordert, die in der Regel nicht in der Personalentwicklung vorhanden sind und extern hinzugekauft werden müssen. Dadurch macht die Führungskräfteentwicklung auch den größten Rollenwechsel bei den Personalentwicklern aus, auch wenn in allen drei vorgestellten PE-Formaten die Verantwortung für die technische Umsetzung und den störungsfreien technischen Ablauf beim Personalentwickler, also außerhalb seines bzw. ihres originären Themenfeldes, liegt.

Egal wie sich die Unternehmen auf die neuen Gegebenheiten eingestellt haben, ist im nächsten Schritt die Frage zu beantworten, wie diese Veränderungen in die neue Arbeitswelt („new reality of work") überführt werden können oder ob eine Rückkehr zur alten Normalität auch eine Abkehr von den Remote-Formaten zur Folge hat. Die größte Wahrscheinlichkeit hat eine zukünftige Kombination aus Präsenz- und Remote-Verfahren. Hierzu bedarf es Klärung zu folgenden Punkten:

© Der/die Autor(en), exklusiv lizenziert durch Springer-Verlag GmbH, DE, ein Teil von Springer Nature 2022
J. Bregas et al., *Digitale Formate in der Personalentwicklung*, essentials,
https://doi.org/10.1007/978-3-662-64648-9_5

- Akzeptanz von Remote-Formaten im Unternehmen
- Ausbau und Wartung der technischen Basis für Remote-Formate nach Corona
- Regelwerk, welche Verfahren unter welchen Bedingungen remote bzw. in Präsenz durchgeführt werden
- Ggf. eine Vereinbarung mit dem Betriebsrat zur Nutzung von Remote-Formaten (insb. in der Eignungsdiagnostik)

Werden nach Beendigung des pandemischen Zustands PE-Formate wieder überwiegend in Präsenz angeboten, steht und fällt die Akzeptanz von Remote-Formaten

- mit der Vorerfahrung der Unternehmen mit Remote-Formaten vor der Pandemie,
- mit der Qualität der Umsetzung der Remote-Formate während der Pandemie sowie
- mit den Vorteilen, die Remote-Formate auch neben Präsenzformaten weiterhin mit sich bringen (Effizienz, Zeit- und Kosteneinsparungen).

Auch ist die Koexistenz von Präsenzformaten aus der Prä-Corona-Phase mit den Remote-Formaten der Corona-Phase noch nicht als Endzustand zu sehen, sondern als neue Basis, die noch weiter auszubauen ist:

- So lassen sich PE-Formate, die im letzten Jahr nur provisorisch auf remote umgestellt wurden, jetzt mit mehr Vorlauf noch weiter professionalisieren und ausbauen (Beispiel: Auf- und Ausbau eines virtuellen Campus).
- Die mit den Remote-Formaten gewonnene Freiheit der größeren Unabhängigkeit von Raum und Zeit in der Personalentwicklung, wie sie bei der Vorstellung der einzelnen Formate als Chancen diskutiert wurde, lässt sich noch weiter ausbauen und verändert das PE-Verständnis nachhaltig.
- Präsenzformate und Remote-Formate lassen sich zu Blended-Learning-Formaten kombinieren und somit zur Transfersicherung und der Nachhaltigkeit des Lernens nutzen.

Als Fazit ist also festzuhalten, dass es ein (vollständiges) Zurück zum alten Zustand vor der Pandemie in der Personalentwicklung nicht mehr geben wird. Viele der Corona-bedingten Übergangslösungen werden morgen voraussichtlich Standard der Personalentwicklung werden. Die durch die Pandemie erzwungenen Veränderungen haben der Personalentwicklung Möglichkeiten eröffnet, die es weiterhin zu nutzen gilt. Die Anforderungen an Personalentwickler sind vielfältiger geworden, aber auch die Möglichkeiten Personalentwicklung zu betreiben.

# Was Sie aus diesem *essential* mitnehmen können

- Die technischen Möglichkeiten für digitale PE-Formate stehen zur Verfügung, sie müssen nur genutzt und Berührungsängste überwunden werden
- Was heute noch eine Corona-bedingte Übergangslösung ist, wird morgen voraussichtlich Standard in der Personalentwicklung sein
- Die digitalen Lösungen lösen viele bisherige Beschränkungen von Raum und Zeit auf und eröffnen neue Möglichkeiten
- Es kann trotzdem nicht alles 1:1 in die neue Welt überführt werden – hier bedarf es teilweise weiterer innovativer Ideen

© Der/die Herausgeber bzw. der/die Autor(en), exklusiv lizenziert durch Springer-Verlag GmbH, DE, ein Teil von Springer Nature 2022
J. Bregas et al., *Digitale Formate in der Personalentwicklung*, essentials, https://doi.org/10.1007/978-3-662-64648-9

# Literatur

Bartscher, P. D. (14. Febr. 2018). Gabler Wirtschaftslexikon. Von https://wirtschaftslexikon. gabler.de/definition/fuehrungskraefteentwicklung-36145/version-259610.

Brown, J., & Isaacs, D. (2007). *Das World Café Kreative Zukunftsgestaltung in Organisationen und Gesellschaft.* Carl-Auer.

Hofmann, J., Piele, A., & Piele, C. (2020). *ARBEITEN IN DER CORONA-PANDEMIE - Auf dem Weg zum New Normal. Studie des Frauenhofer IAO in Kooperation mit der Deutschen Gesellschaft für Personalführung DGFP e. V.* (S. 6–7).

Hossiep, R., & Mühlhaus, O. (2015). *Personalauswahl und -entwicklung mit Persönlichkeitstests.* Hogrefe.

Kauffeld, S. (2014). *Arbeits-, Organisations- und Personalpsychologie.* Springer.

Kleinmann, M. (2003). *Assessment Center.* Hogrefe.

Kline, N. (2007). *Time to think: Zehn einfache Regeln für das eigenständige Denken und gelungene Kommunikation.* Rowohlt Taschenbuch.

Kreis, A, Brandt, A., & Janßen, C. (2021). Remote-Assessment Center. In S. Laske, A. Orthey, & M. J. Schmid (Hrsg.), *PersonalEntwickeln, 265, Erg.-Lfg.* Wolters Kluwer.

Marburg, U. (30. Sept. 2021). https://www.uni-marburg.de/. Von https://www.uni-marburg. de/de/forschung/kontakt/eresearch/unsere-angebote/digitale-tagungen.

Obermann, C., Höft, S., & Becker, J.-N. (2016). Assessment Center-Praxis 2016: Ergebnisse der aktuellen AkAC-Anwenderbefragung. In Arbeitskreis Assessment Center e. V. (Hrsg.), *„Was kommt, was bleibt: Personalauswahl und Personalentwicklung zwischen Wandel und Konstanz"* (S. 663–681). Pabst Science Publishers.

Paschen, M. (Mai 2020). Konzeptionelle Besonderheiten von Remote Assessment Centern. Von https://www.profil-m.de/konzeptionelle-besonderheiten-von-remote-assessment-centern/.

Paschen, M., Beenen, A., Turck, D., & Stöwe, C. (2013). *Assessment Center professionell.* Hogrefe.

Schreiber, M.-T. (2013). *Kongresse, Tagungen und Events: Potenziale, Strategien und Trends der Veranstaltungswirtschaft.* De Gruyter.

Seufert, S., Guggemos, J., Meier, C., & Helfritz, K.H. (2020). *Auf dem Weg zur digital lernenden Organisation – Kompetenzen für die Personalentwicklung.* DGFP-Studie.

Stulle, K. (2021). Einleitung. In K. Stulle (Hrsg.), *Digitalisierung der Managementdiagnostik - Aktuelle Instrumente, Trends, Herausforderungen* (S. 1–41). SpringerGabler Verlag.

Terpitz, K. (6. Mai 2020). https://www.handelsblatt.com/. Von https://www.handelsblatt.
   com/technik/digitale-revolution/digitale-revolution-wie-der-virtuelle-messebesuch-mit-
   3d-technik-und-avataren-moeglich-wird/25802630.html?ticket=ST-5469726-S0mtIixFc
   qNPtGyoVFDO-ap5.
Ullmann-Jungfer, G., & Werkmann-Karcher, B. (2010). Gruppen und Teams in Organisationen. In: B. Werkmann-Karcher & J. Rietiker (Hrsg.) *Konzepte und Instrumente für ein
   wirkungsvolles Personalmanagement* (S. 395–418). Springer.
Wells, B. (15. Juli 2020). https://blog.perceptyx.com/. Von https://blog.perceptyx.com/emp
   loyees-become-more-productive-working-from-home.
Wottawa, H., & Thierau, H. (1998). *Lehrbuch Evaluation.* Verlag Hans Huber.

Kerstin Stolzenberg
Krischan Heberle

# Change Management

Veränderungsprozesse erfolgreich
gestalten – Mitarbeiter mobilisieren.
Vision, Kommunikation,
Beteiligung, Qualifizierung

*4. Auflage*

MOREMEDIA

 Springer

Printed in the United States
by Baker & Taylor Publisher Services